「論理的思考だけでは出せない答え」を導く

あたらしい問題解決

長田英知
Hidetomo Nagata

日本実業出版社

まえがき

ドイツの小説家フランツ・カフカが書いた『城』という小説があります。
主人公Kは、とある村の城に雇われた測量師なのですが、呼ばれたはずの城に入ることができず、いろいろなところをたらい回しにされ、本来想定しなかった状況に右往左往する様子が描かれています。

ビジネスで問題に直面したとき、『城』の主人公のようにその核心にたどり着くことができず、右往左往してしまうことが多いのは、現実社会は「論理」だけでは割り切れない、不条理性をはらんだ場所だからかもしれません。

本書は、ビジネスにおける「あたらしい問題解決」を目指しています。その「あたらしさ」は、**論理だけでは太刀打ちできない、不条理で、たった1つの正解があるとは限らない世界に「論理」と「感覚」を掛け合わせて切り込むアプローチ**にあります。

「問題解決のアプローチ」というと、戦略コンサルタントによる「ロジカルシンキング」や

「仮説思考」「フレームワーク」など、論理的思考を駆使したものを想像されるかもしれません。

あるいは、最近は「デザイン思考」や「アート思考」など感覚的な問題解決のアプローチに注目が集まっているので、そのようなものを思い浮かべる方もいらっしゃるでしょう。

「論理」による問題解決と、「感覚」による問題解決は二律背反のものとしてとらえられがちですが、実際にはコインの表裏のように不可分のものです。

本書で紹介する「問題解決のアプローチ」は、**論理的思考だけでは解決できない問題に対して、私たちの「感覚的な部分」、すなわち「センス（直感）」や「ストーリー（感情）」と、感覚的部分の価値を最大化するうえでも効果的な論理的思考の手法「セグメント（論理的分析）」を掛け合わせたもの**です。そのアプローチによって、「問題の発見」「課題の特定」「解決策の実行（解決策を腹落ちさせ、人を巻き込み、動かす）」を実現するのです。

このアプローチを、私はこれまで携わってきた「政治家」「戦略コンサルタント」「スタートアップ企業」というキャリアで試行錯誤するなかで身につけました。

いずれの仕事も定型的な業務は少なく、突発的に想定外の課題が生じます。そのなかで『城』の主人公のように右往左往しながらも、時に客観的かつ冷静な分析を行い、時に情熱的な思いによって人を動かし、**「その問題に最適な臨機応変な対応」**を行ってきた結果、城にたどり着くための方法論を体系化したのが本書になります。

この「問題解決のアプローチ」を身につけるためには、多少の努力とコツは必要かもしれません。しかし、一度身につけたら、それはあなたの仕事力を大きく向上させる力を持ってくれるでしょう。

まえがき 1

プロローグ
～ビジネスでは、たった1つの正解があるとは限らない～ 9

第1章 論理的思考の限界

1 受験勉強を通じて身につけたのは「暗記力」と「パターン認識力」 24
2 鎌倉幕府の成立は何年か？ 28
3 ビジネスは「唯一絶対の正解」がない世界 32
4 「世の中の正解」は移ろいやすい 37
5 正解を導き出す唯一の「フレームワーク」もない 42
6 「論理的な理屈」に基づくプロジェクトマネジメントの限界 47
7 「単純な論理思考では解決できない問題」を前に進めるための3つのS 51
8 「問題解決3つのS」は新しい言語を習得するようなもの 56

第2章 ビジネスの問題は「直感（センス）」でつかむ

1 問題を発見するための「センス」 62
2 コンサルタントが有する「問題解決のセンス」 67
3 センスの正体は「普通に対するものさし」 72
4 「センス」が持つ4つの特徴 77
5 「センス」は思考ではなく感覚的に発揮される 81
6 「センス」とは、どこに問題があるのかを感じ取る能力 86
7 「センス」はビジネスを経験すればするほど磨かれる 91
8 「センス」はＡＩが支配する世の中になっても役に立つ 96

第3章 「センス」を後天的に磨くためのトレーニング

1 センスを磨くうえで大切にしたい「2つの基準点」 102

2 世の中の方向性・トレンドの「基準点」への影響を知る ― 107
～「センス」を磨くための3つのトレーニング①～
3 自分の中での「普通を超える良いもの」の基準点を作る ― 112
～「センス」を磨くための3つのトレーニング②～
4 「専門分野のエコシステム（俯瞰的な全体像）」を理解する ― 117
～「センス」を磨くための3つのトレーニング③～
5 「世の中の基準点＝平準点」を理解した事例 ― 122
6 「自分の中の良いものの基準点＝合格点」を理解した事例 ― 127
7 「センス」を自分のビジネスに当てはめてみる ― 132
8 「センス」によって問題を未然に察知する ― 136

第4章 問題を解決可能な課題に切り分ける「セグメント」

1 「問題」と「課題」の違い ― 142
2 「分かる」ということは、「分ける」ということ ― 146

3 セグメントを公式化したものが「フレームワーク」 151
4 セグメントは「最適な切り分け方」を見つけ、分析の重みづけをする 155
5 「切り分け方」のバリエーションを過不足なく出してみる 160
～課題抽出のための5つのステップ①～
6 「視点＝基準」を定めて、切り分け方を選択する 164
～課題抽出のための5つのステップ②～
7 選択した切り分け方に基づいて、「問題」を複数の「課題」に切り分ける 169
～課題抽出のための5つのステップ③～
8 「解決できること」と「解決できないこと」を切り分ける 174
～課題抽出のための5つのステップ④～
9 「解決できる課題」の中から総合的に状況を勘案して、絞り込み、順番を決める 179
～課題抽出のための5つのステップ⑤～

第5章

解決策を腹落ちさせる「ストーリー」

1 解決策を実行するうえで不可欠なのが「ストーリー」 186
2 「優れたストーリー」にある3つの特徴 190
3 「ストーリーの共感度」を高める 195
4 「ワンフレーズ」があると、課題の解決策が一瞬で伝わる 200
5 ストーリーに詰め込むのは「天の時、地の利、人の和」の納得性 205
6 ストーリーにおける「感情」と「ロジック」のバランス 210
7 「ストーリー」を磨くために、一見遠回りのようで有効なこと 215

あとがき 221

ブックデザイン　三森健太（ＪＵＮＧＬＥ）
ＤＴＰ　ダーツ
イラスト　瀬川尚志
１９４ページ写真　産経新聞社

プロローグ
～ビジネスでは、たった1つの正解があるとは限らない～

学校を卒業して実社会に出ると、自分が学んできたことがうまく活用できないと感じることがあります。大学で経済学を学んだり、ビジネススクールに行ってＭＢＡを取ったりしたにもかかわらず、勉強の成果をビジネスでうまく活かせないと思った方も多くいらっしゃるのではないでしょうか。

大学や大学院での勉強ですらそうなのですから、中学や高校、あるいは大学受験のために勉強してきたことが、社会人生活で役に立っていると思う人はさらに少ないでしょう。

塾に行かずに東大現役合格するための2つの真理

かく言う私も、そのような経験をした1人かもしれません。私は神奈川県内の中高一貫制の進学校から現役で東京大学文科Ⅰ類、すなわち法学部に入学しました。

私は授業で先生の話を聞くのがとにかく苦手で、大学受験のときも塾に行かず自学自習していたのですが、そのなかでできる限り効率的に点を取るための技術を編み出します。

それは教科書や参考書を読む前に、大学の過去問を10年分くらい一気に解いて問題の傾向をつかみ、あとは問題をひたすら解いて、正解と正解を導き出すための思考パターンを暗記するというやり方です。


私は受験勉強には2つの絶対的な真理があると思っています。1つ目は、受験勉強では出題される分野と範囲が決まっている以上、今まで出題されなかったまったく新しい問題が出されることは極めて稀だということ。2つ目は、出題される問題にはただ1つの正解が必ずあるということです。

そう考えたとき、点を取るための一番効率的な勉強方法は、過去に出された問題を暗記し、正解に至るための公式やテクニックをパターン化することになります。

国語などの科目は読解力を鍛えないといけない、と反論される方もいらっしゃるかもしれません。しかし私の率直な感覚で申し上げると、文章の真の読解力と国語の現代文で受験問題を解くために必要な能力は異なります。

前者は文章の書かれた目的や状況から、筆者が伝えたいと意図することを読み解く能力であるのに対し、後者は設問のパターンを認識して、ある意味、パズルのように解答のキーワードを拾ってくる能力となります。その結果、文章を書いた作者の意図を完全に理解していなくても試験問題で正解にたどり着くことは可能なのです。

ある程度の記憶力をベースに「パターン認識力」を磨いた結果、腕試しに受けた大学模試ではすべてA判定を取り、私は現役での大学合格を果たすことができました。

4度の人生計画の「リセット」でわかったこと

しかし、大学卒業後に私が歩んだ社会人としてのキャリアでは、学生時代のささやかなプライドは一瞬にして吹き飛ぶことになります。その最大の理由は、さきほど挙げた受験勉強の2つの真理、すなわち**出される問題の範囲が限定されていて、唯一絶対の答えが存在するということが実社会では通用しなかった**からです。

本書で述べる内容とも関連性があるので、ここで私の社会人としてのキャリアについて少し述べておきたいと思います。あらかじめ申し上げると、私のキャリアは一般的な人から見ると特殊で、現在に至るまでキャリアの大きな**リセット（転機）**を4回経験しています。

社会では、受験勉強で培った能力のみでは通用しない
～第1のリセットで「仕事の基本」を学ぶ～

最初の転機は、就職活動の際に訪れました。大学時代、私は国家公務員になることを目指していたのですが、就職活動を進めるうちに、公務員の仕事は自分に合っていないと思うようになりました。結局、就職活動の最終局面で方向転換し、民間の生命保険会社に新卒で入社することになります。

入社後、約1カ月間の新人研修を受けたのち、私たち新入社員はほぼ全員、地方支社に配属されました。メインとなる仕事は、営業成績の管理と、支社で行われる様々な会議・イベントの運営準備とサポートです。

毎朝、始業時間の1時間前には会社に行って、各支部から上がってくる営業成績の数字をまとめ、それから毎週のように開催される大小様々な会議・イベントの準備をしていると、あっという間に終業時間が過ぎ、残業に追われる毎日だったことを覚えています。これまで裏方として会議やイベントを回した実務経験がなかったため、とにかく仕事ができなくて悔しい思いをすることが多くありました。

一方、朝に社内システムを立ち上げれば（そのために定時の1時間前に出社していたのですが）、前日の営業成績が確認できるのに、毎日夕方に各営業エリアの責任者からファックスや電話でその日の売上を報告させるといった、どう考えても非効率な業務も多く、相当なストレスを感じていたことも覚えています。

民間企業での職務において私が当初苦労した理由は、事務処理能力の基礎を身につけていなかったからでした。しかし、この点については受験勉強で培った学習方法が役に立ち、のちに挽回できた部分もあると思います。

新入社員が行うレベルの事務処理の多くは、あらかじめ作業手順が定まっているものがほとんどです。つまり、何をするべきかについては事前に理解しているわけです。それでもうまく仕事を進められなかったのは、同時に複数の作業を割り振られたときに、それぞれの作業の特徴を考慮して段取りを組むことができなかったことが原因でした。

「段取り力」は本書のメインテーマではありませんが、仕事を行ううえでの基本となる、そしてビジネスパーソンであれば、多かれ少なかれ身につけている能力ではないかと思います。

私が段取りをうまく組めなかったのは、これまで家庭教師ぐらいしかバイトをしたことがなく、組織やチームで仕事をしたことがなかったことが大きな原因でした。恥ずかしながら社会に出てはじめてそのような経験をしたので、当時の上司には多大なる迷惑をかけながら教育していただいたと感謝しています。

人間の表から裏までを見続けた「政治家」という職業
～第2のリセットで「センス」を学ぶ～

地獄のような1年間が過ぎると会社のオペレーションにも慣れてきて、仕事をうまく回せるようになったのですが、結局、入社からわずか1年半で会社を辞めるという2度目の大きな転機となる決断をします。

会社を辞めた理由は、埼玉県北部に位置する本庄市で市議会議員選挙に挑戦しようと決めたからでした。人からの後押しもあって、入社した保険会社でたまたま配属されたエリアだったということ以外には縁もゆかりもない場所で、また政治家の家系ではなく、政界との人的つながりがほぼゼロに等しい状態から政治活動を開始したため、選挙を組み立てていくことはやはりとても大変なことでした。

なかでもとくに感じたのが、生命保険会社にいるときに自分は社会的に守られていたということでした。日々の仕事がどんなにつらくても、毎月給料は振り込まれて、半年後に無職になっているかもしれないことを思い悩まなくていい生活が、いかにありがたいことなのかを痛感したのです。

また、「大手生命保険会社の社員」という肩書きを失っただけで、まわりの人々の接し方が豹変して冷たくなった経験（そして当選したあとは逆に持ち上げられた）もつらくなかったと言えば嘘になるでしょう。

ほぼ独学で選挙のやり方を学び、試行錯誤による約4カ月間の活動を経て、なんとか当選することができたのは運に恵まれていたからとしか言いようがないと思います。と同時に、選挙での経験は、人の感情の機微をとらえるための動物的な直感とコミュニケーション力を研ぎ澄ませることにとても役立ちました。この政治家としての活動において身につけたのが**「直感」**、すなわち**「センス」**であり、本書の1つ目のテーマでもあります。

私は、政治の世界ほど「一寸先が闇」という言葉が当てはまるところはないのではないかと思っています。私の政治の恩師（大物代議士の元秘書でした）は、「直感を研ぎ澄ませ、危険を未然に察知する能力」を身につけることの大切さを常に私に説いていました。

政治家は選挙に落ちると「ただの人」です。そして選挙は結局のところ、ほんのちょっとしたところで有利不利の風向きが変わってきます。とくに私のようなジバン（＝選挙の支持基盤）・カンバン（＝知名度）・カバン（＝資金）のない、社会人経験も浅い新人候補者にとっては、ほんの少しの対応の間違いが致命傷となることが多々あります。

たとえば、ある組織の推薦を得ようとして、挨拶に行ったとします。そのとき、挨拶する相手の順番を間違えたり、交わされる会話から組織内の人間関係の温度感を把握していなかったりすると、不興を買って、かえって敵に回るといったことが往々にしてあります。人々との会話から、表面的な組織構造からは分からない、「実際のボスが誰か」という裏の人間関係を把握しないと生き延びることはできないのです。

政治基盤や経験がまったくなかった私が、政治活動をはじめてわずか4年半で衆議院総選挙の公認候補者となることができたのも、間違いを犯さず危険を回避するための直感を磨いていたことが一番の理由だったと今でも思っています。

ただ結局、1回目の衆議院総選挙では、あともう少しのところで当選することができませんでした。そして2回目の衆議院総選挙は、小泉純一郎総理（当時）による、いわゆる「郵政解散総選挙」で私が所属していた民主党は大敗し、私も惨敗しました。しかし選挙には負けながらも得票数は前回よりも伸ばし、またすぐに政治からビジネスの世界に移り変わることができたのも、危険を回避する「センス」のおかげだったと思っています。

未経験で30歳過ぎてからの「戦略コンサルタント」デビュー
～第3のリセットで「セグメント」を学ぶ～

二度の衆議院選に負けたあと、私はビジネスに戻るという3度目の大きな転機を31歳で迎えることになります。

社会人としての実績がほとんどなく、また第二新卒とも言い難い年齢で、ビジネスの世界に戻るのはとても大変なことでした。普通の企業では面接前に選考を落とされるだろうと直感し、あえて難易度の高い、しかし過去の経歴よりも将来のポテンシャルを評価してくれるコンサルティングファームをいくつか受けました。

その結果、なんとかIBMビジネスコンサルティングサービス（現在は日本IBMに統合）の戦略コンサルティングチームに採用されることになります。当時の戦略コンサルティングファームは中途採用が中心であったとは言え、30代での転身は遅いほうで、かつほぼ事業会社の経験がないというのも異色の存在だったと思います。

それゆえ、入社後3カ月間はプロジェクトにアサインされず社内失業状態でした（コンサル業界ではこうした状況を、人手が空いているという英語のAvailableを略して「アベっている」と言います）。

やがていくつかのプロジェクトに配属され、コンサルティング型思考の作法を習得すると、政治家時代に培った直感力とコミュニケーション力も活かし、成果を挙げられるようになっていきました。そして入社から2年後には社長賞をいただき、その後、約10年間にわたり、3つの会社で戦略コンサルタントとしてキャリアを積みました。

戦略コンサルタントの仕事を通じて学んだのが、本書で紹介する2つ目の要素である**「セグメント」**の力です。

コンサルタントに必要とされるスキルとして、多くの人が真っ先に思い浮かべるのはロジカルシンキングや、ロジカルシンキングを実行する際に活用されるフレームワークではないでしょうか。

しかしコンサルティングを通じて問題を解決する際に本当に大事なのは、その手前の部分、すなわちロジカルシンキングやフレームワークを形作る思考の枠組みにあります。それが、**「問題」を解決可能な「課題」に切り分けるための「セグメント」の手法**なのです。

課題は「解決策」として実行されなければ意味がない
～第4のリセットで「ストーリー」を学ぶ～

10年間にわたりコンサルタントを務めたのち、4度目の、また現時点では最後の転機となる事業会社（Airbnb）に転身しました。

事業会社に転職して分かったことが、**「ストーリー」の大切さ**です。私が入社したAirbnbは3人の創業者が2008年に立ち上げた会社です。創業者の3人のうち2人は、RISD（ロードアイランド・スクール・オブ・デザイン）という名門のデザイン大学を卒業しており、いかに自らのサービスにデザイン思考を取り入れるかを大事にしています。

Airbnbのサービスデザインにおいても、「ストーリー」はとくに大事なものとしてとらえられています。すなわち、Airbnbが目指すサービスのあり方を、家を貸しているホストや旅行客として宿泊しているゲストの様々な「ストーリー」を通して語ることで、利用者の理解を深め、気持ちを高める仕掛けを作り出しているのです。

また、**「ストーリー」の役割として最も大事なのは、関係者を具体的な行動へと動機づけることにあります。**なぜなら、どんなに理想的な素晴らしい解決策があっても、それは実現されなければ文字通り「絵に描いた餅」だからです。解決策は腹落ちして、実行されてこそ意味があるのです。この点に関しても、本書では具体的な手法を紹介します。

たった1つの正解があるわけではない、ビジネスの問題を解決するための「3つのS」

学校の試験を受けるとき、私たちは決められた範囲内で問題を解けば良く、また問題には常にたった１つの正解がありました。

一方、**社会に出ると正解が分からないことや、複数の正解があったりするケースは当たり前のように存在します。また、社会や経済の前提や仕組みが変化するスピードが速い現在、これまで正解だったものがそうではなくなることも稀ではありません。**

そのような流動的な社会状況においても、多くの人は問題を解決するための新しい挑戦を行うより、これまでの安心できるルーティンにしがみつこうとします。でも果たして、私たちは知識や段取り力、あるいはパターン化された思考能力だけで、常に変化し続けるビジネスにおいて価値を提供し続けることができるのでしょうか。

学習範囲が決められているわけでも、たった１つの正解があるわけでもない社会において、学歴や学校で学んだことが果たす役割は極めて限定的です。

もちろん、私自身が４つの転機を乗り切る際に、これらがまったく無意味だったというつもりはありません。国家公務員になることを諦めて、他の学生よりもかなり遅いタイミングから就職活動をはじめたときも、縁もゆかりもない土地で選挙に出たときも、そして政治家の道を諦めてコンサルタントになったときも、助けていただいた人々の心の中には「東大卒」のポテンシャルを感じてもらった部分がきっとあったと思います。

しかし終身雇用も社会保障も約束されておらず、とくに日本の社会が直面する様々な課題から「逃げ切ることができない」私たち団塊ジュニア以降の現役世代にとって、大切なのは学歴や肩書きに頼らなくても、**どんな社会や経済の変化にも柔軟に対応できる真のスキルです。**

本書では、私が政治家、戦略コンサルタント、そして外資系スタートアップと、それぞれ特徴的な職業だからこそ身につけることができた、**問題解決の「センス（Sense）」「セグメント（Segment）」「ストーリー（Story）」という3つのスキル**（本書では3つの言葉の頭文字をとって「問題解決3つのS」と呼びます）をもとに、読者の皆さまがビジネスや日常に役立てることができるノウハウについて紹介していきたいと思います。

「問題解決3つのS」は、特殊な状況下でも通用するスキルであり、だからこそ不確実な世の中における不確定なビジネスで生じる様々な問題を解決する際に強い味方となってくれるはずです。

本書の構成

第1章 論理的思考の限界

論理的思考はビジネスでも大事なスキルだが、それだけですべての問題の答えが導けるわけではない

⇓

Sense

第2章 ビジネスの問題は「センス（直感）」でつかむ

「センス」とは、ご飯をひと口食べたら、これは腐っているか腐っていないか分かる感覚

⇒

第3章 「センス」を後天的に磨くトレーニング

「センス」というと持って生まれたものととらえられがちだが、日常の意識の持ち方やトレーニングの仕方で磨くことができる。そのため、「センス」についてはその磨き方も紹介

⇓

Segment

第4章 問題を解決可能な課題に切り分ける「セグメント」

発見した「問題」を「セグメント」して、自分たちで解決できる「課題」にしていく

⇓

Story

第5章 解決策を腹落ちさせる「ストーリー」

解決策は実行されなければ絵に描いた餅なので、「ストーリー」で人を動かす

問題解決で欠かせない3つのS

第1章

論理的思考の限界

1

受験勉強を通じて身につけたのは「暗記力」と「パターン認識力」

「暗記力」と「パターン認識力」によってできること、できないこと

幼稚園からエスカレータ式で大学に入ったという人を除けば、中学、高校、大学のいずれか、あるいは複数のタイミングで受験を経験してきた人も多いのではないでしょうか。この受験勉強を勝ち抜く際に必要とされるのが、「暗記力」と論理的思考の1つの典型である「パターン認識力」です。

受験において「暗記力」が大事であることは論をまたないでしょう。たとえば、英語を読解するための大前提となるのが単語の記憶です。日本史や世界史などの社会科目も年号や歴史上の有名人の名前などの暗記が大事になるでしょう。

しかし、暗記だけで問題が解き切れるかというと、科目によってはそうとは限りません。たとえば、数学の問題を解く際には問題を理解し、学んだ公式などを当てはめて正解を導き出すプロセスが必要になります。ここで必要になってくるのが「パターン認識力」です。公式が当てはめられるパターンを見つける能力を高めることで、問題を見たときに、その問題の解き方がすぐにイメージできるよう、何度も繰り返し問題集を解いて身体に叩き込むわけです。

では、人と人が複層的な関わりを持つ現実社会において、受験勉強で培った「暗記力」や「パターン認識力」はどれぐらい通用するのでしょうか。

もちろん、これらの能力もないよりはあったほうが良いでしょう。仕事を覚える際、優れた暗記力を持っていることはたいていの場合、プラスに働きます。また、日々の職務をそつなくこなしていくためには「パターン認識力」もとても大切な能力となります。実際に私が生命保険会社での1年半で一番学んだことは、大学受験で訓練してきた「パターン認識力」というスキルを仕事の「段取り力」へと変換していくことでした。

「パターン認識力」では、物事の事象をできる限り単純化することを目指します。問題が有する特定のパターンを認識し、そのパターンに対してあらかじめ定められている特定のプロセスを選択すると、その問題が解決される状態を作り出すわけです。そして、問題が生じたとき、問題を解決するための唯一のプロセス＝マニュアルが作られており、複数の選択肢の中から何かを選ぶということは想定されていません。

ビジネスにおいてパターン化、マニュアル化が有効な例としては、日々の事務作業や機械の整備・点検作業などの実務が挙げられます。たとえば整備・点検で活用されるマニュアルには、機械が故障したときにどのようなステップでチェックを行うかがあらかじめ定義されています。その内容を読み解くだけの知識と経験を積めば、誰でもその作業をこなすことができるようになります。

日本の受験教育は「暗記力」と「パターン認識力」を鍛えて、マニュアルを指示通りに、かつ迅速にこなすための基礎能力を磨くという観点ではとても理にかなっています。これまで日本企業が求めていた人材が、出された指示をその指示通りに、素早くこなす優秀な実務家であったことを考えると、有名大学卒の人材を優遇して採用してきたことも、あながち間違いではなかったのかもしれません。

しかし今、**私たちのビジネス環境や雇用環境は大きく変化しています。そして、かつては正解だったことも正解ではなくなるという状況が頻繁に起きています。**

ビジネスで起こる問題には「唯一の正解」がない

パターン認識力

目の前の問題を解決するため、あらかじめ定められている
特定のプロセスを選択する

ゼロベースからの論理的思考力

目の前の問題を解決するため、問題を様々な切り口から分析し、
そこから導き出される解決策のオプションから、最適な選択肢を選び出す

前例のない状況のなかでビジネスの判断を行っていく際には、既存のプロセスや過去のマニュアルは通用せず、**「ゼロベースからの論理的思考力」**が必要になってきます。「ゼロベースからの論理的思考力」とは、**目の前の問題を解決するために、問題を様々な切り口から分析し、そこから導き出される解決策のオプションから、最適な選択肢を選び出す一連のプロセス**を指します。

問題の分析からは、多様な選択肢が導き出されます。でも、なぜ問題をゼロベースで思考、分析していくと、たった1つの正解ではなく、多様な解決策のオプションが生まれるのでしょうか。その最大の理由は、**ビジネスにおける多くの問題には、「唯一の正解」がないこと**にあります。

2

鎌倉幕府の成立は何年か？

鎌倉幕府の成立は１１９２年ではなかった!?

私たちが学校で問題を解くとき、そこには必ず唯一の正解がありました。しかし、その正解は本当に「正解」だったのでしょうか。

ここで１つ質問をします。源頼朝が鎌倉幕府を作ったのは何年でしょうか？

私が学生時代に習った「正解」は１１９２年でした。「１１９２（いいくに）作ろう鎌倉幕府」という語呂合わせを覚えている方も多くいらっしゃるはずです。

私と同じ１９７０年代、もしくはそれ以前に生まれた世代の方は、ここまでの記載に何の違和感も持たずに読まれたことでしょう。しかし若い世代、とくに1990年代以降に生まれた読者の方は、「あれ？」と思われたのではないでしょうか。

なぜなら、最近の教科書では鎌倉幕府が作られた年は1192年ではなく、1185年と記載されているからです。鎌倉幕府の成立年が変わったのは、新しい史実が出てきたからではありません。じつは学者間の議論によって幕府成立の定義が変わったことで、成立の年が変わったのです。

これまでは源頼朝が征夷大将軍になり、朝廷が鎌倉幕府の成立を承認した1192年、すなわち源頼朝が名実ともに社会のトップになったときを幕府成立の年としていました。しかし学者の論争の結果、守護・地頭制度を置いて幕府の実質的な統治基盤が固められた年である1185年を幕府成立の年と考えるほうが良かろうということになり、結果として教科書の記載も変わることになったのです。

ちなみに、学者の間では1185年説、1192年説の他にも、1180年説、1183年説などがあるため、将来の教科書ではまた年号が変更されているかもしれません。さらに余談ですが、私たちの世代ではお馴染みの源頼朝の肖像画は、現在は別人の可能性が高いということで、教科書から消えているそうです。

私と同世代の方が学生の頃の試験で鎌倉幕府の成立年について聞かれた場合、「1185

年」と解答したらバツがつけられるでしょう。しかし今の受験生が同じ解答をしたら、それは正解になるのです。

現実社会では、正解はコロコロ変わる

一方、歴史学者の世界では、そもそも唯一絶対の正解というものはなかったのではないでしょうか。

彼らにとって大事なのは何をもって鎌倉幕府が成立したかという学説、すなわち論理構成の納得感であり、そのせめぎ合いの結果、昔は１１９２年説が優勢であったが、現在は１１８５年説が優勢であるということなのではないかと思います。２つの説の違いは論理構成の立て方の違いでしかなく、そこに正しさに対する価値判断はないのです。

鎌倉幕府の成立のような歴史上の出来事でさえ、解釈や視点の変化で何を「正解」とするかが変わります。ましてや、多様な人間が多様な価値観をもとに、多様な生活やビジネスを行い、常識や前提とされるものがコロコロと変わる現実社会において、全員が認め、かつ永久に変わることのないたった１つの正解が存在するケースなどは皆無と言って良いでしょう。

むしろ、**ある問いに対して複数の、時に相反する正解が同時に存在したり、社会状況の変**

鎌倉時代はいつからか？

1180年説
源頼朝が鎌倉に侍所を設置し南関東を支配

1183年説
頼朝、朝廷から東国支配を承認される

1184年説
公文書・問注所が設置、幕府の機構が整う

1185年説
頼朝、守護・地頭の任免権を獲得する

1190年説
頼朝、右近衛大将に任じられる

1192年説
頼朝、征夷大将軍に任じられる

1185年が定説

かつて源頼朝とされていた肖像画

https://rekishi-memo.net/kamakurajidai/ より

化でこれまで正しいと思われていたことが、誤りと考えられるようになることも決して珍しくはありません。

また、難しい状況下において高度なビジネスの判断が求められる場合、記憶やパターン認識に基づく単純な論理的思考の価値は、ほとんどありません。

さきほど挙げた機械点検のようなマニュアル化されたルーティン業務を行う場合であれば、過去の記憶やパターン認識に基づく単純な論理的思考も役に立つかもしれません。しかし、トヨタによる業務フローのカイゼンが何十年にわたって続いているように、最適と思われるオペレーションですら、そこには常に改善の余地が見出しうるのです。

3

ビジネスは「唯一絶対の正解」がない世界

時代によって、評価が天と地ほど異なったケース

私たちがビジネスで求めなくてはならないのは唯一の正解ではなく、**「多数の正解の中から、そのときの状況で最も有効に働く解＝最適解」**です。

この「最適解」を導き出すためには、私たちが受験勉強で叩き込まれた、問題にはたった1つの正解があるという思考回路を捨てていかなくてはなりません。さらには、ビジネスの世界では突然の社会変化で、「正解＝成功例」と思われていたものも「間違い＝失敗例」として180度評価が変わるものもあるため、常に「何が最適解か」を問い続ける必要があります。

この典型例として挙げたいのが、長らくGEのCEOを務めたジャック・ウェルチの経営

に対する評価です。

ひと昔前のビジネススクールでは、ジャック・ウェルチが進めた「選択と集中」と呼ばれる経営手法が手放しで称賛されていました。「選択と集中」戦略とは、世界で1位か2位になれる事業だけに経営資源を集中し、それ以外の事業は他社に売却して撤退するというものです。

これによりGEは1000以上の事業を立ち上げコングロマリット化を行い、合わせて製造業中心の事業体制から、GEキャピタルに代表される金融サービス中心の体制へとビジネスモデルを転換したと言われています。

ロイターのコラムによると、「ウェルチがCEOに就任する前年（1980年）に約268億ドル（約2兆9000億円）だった売上高は、退任の前年には約1300億ドル（約14兆円）に達した。米『フォーチュン』誌が1999年、彼に『世紀の経営者』の称号を与えたのもうなずける」とのことです。

しかしその後、リーマンショックを機にGEが進めた多角化は裏目に出ることになり、業績は大幅に悪化していきます。そして2015年、2017年には赤字に陥るとともに、2018年7—9月期には純損益が228億8000万ドル（約2兆5800億円）の赤字を計上するまでになりました。

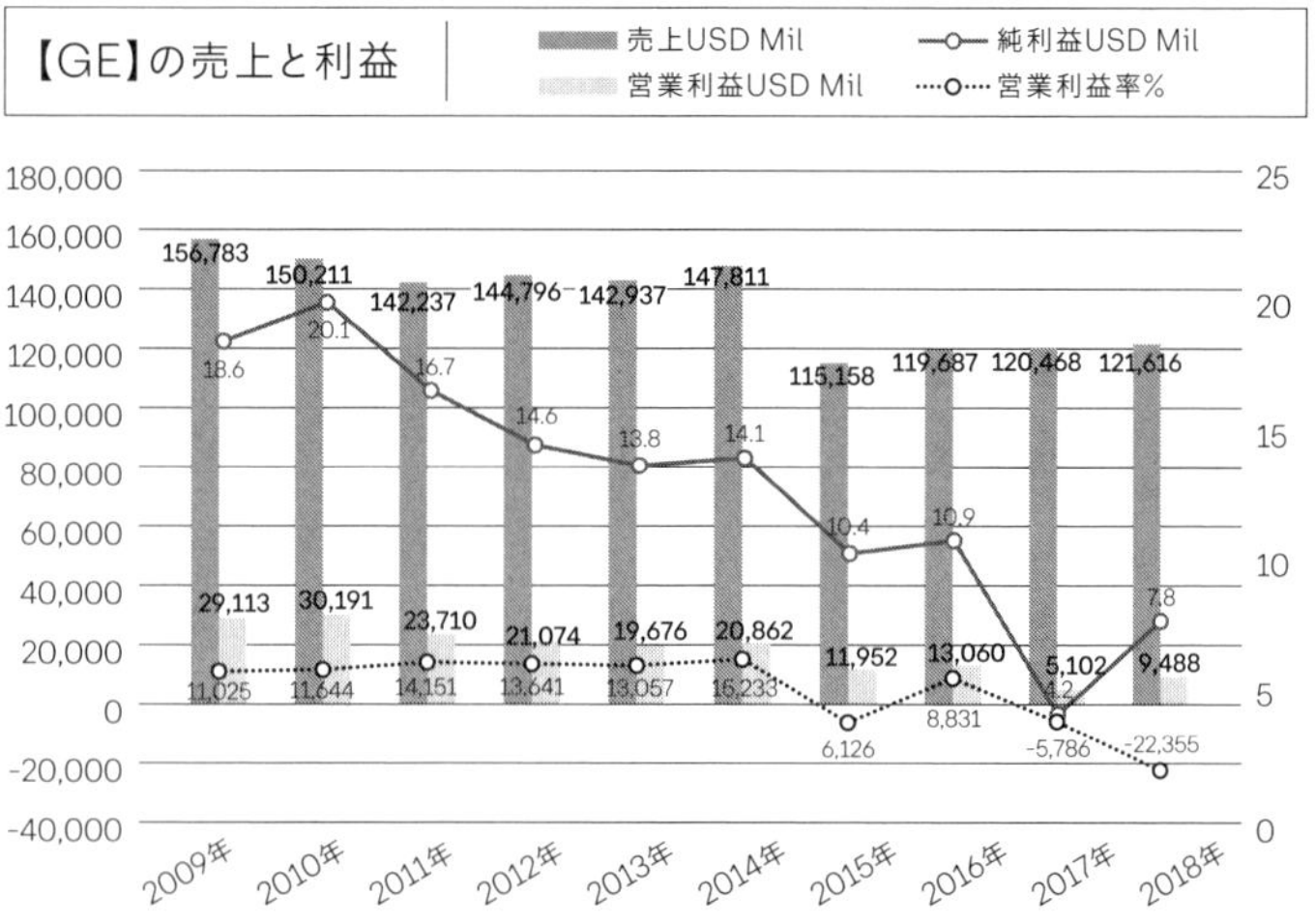

https://www.mitakabu.com/entry/ge より

その結果、２００７年から10年の間でＳ＆Ｐ５００社のうち59％の企業の株価が上昇したのに対し、ＧＥの株価は25％も下落します。ちなみにＧＥと同様に多くの事業分野を抱える他の製造業大手と比較すると、ハネウェルの株価は２倍以上、ダナハーは３倍になっています。

そして、このＧＥの不振の元凶として槍玉に挙げられたのが、かつてもてはやされた「選択と集中」の複合事業モデルであり、リーマンショック前の好調な業績を支えた金融サービス事業への傾斜だったのです。

現在では、ウェルチ時代のビジネス基盤であった金融サービスもほとんど売却され、ウェルチを経営の手本と考える人も少なくなっています。わずか20年前には最高のお手本と言われていた経営者の手法が、今や大失敗の元凶のようにとらえられるようになっているのです。

個人的な考えで申し上げると、ジャック・ウェルチの戦略には、その時代としての必然性や正しさはあったのだろうと思います。ただリーマンショックのような社会や経済の情勢の大きな変化による、ビジネスの変容にうまく対応できなかったことが傷口を広げてしまったのではないでしょうか。**昨日まで正解だったことが、明日も正解であるとは限らないのです。**

正解は、人々の価値観や嗜好によっても変わる

もう1つ、**市場やビジネスに大きなインパクトを与えるものとして挙げたいのが、人々の価値観や嗜好の変化です。**実例として、農業ビジネスについて考えてみましょう。

たとえば野菜農家は、1990年代ぐらいまでは良い野菜をできる限り安価に提供することが価値となっていました。

しかし、最近では環境や健康に優しいことが消費者にとって大事になり、そこにプラスのコストを払うことを厭わない人々も増えています。そのわかりやすい例が無農薬野菜です。農薬を使ったほうがローコストで均質な野菜が作れるのに、健康や土壌汚染のことを考えて、

できる限り薬品を使わない代わりに、不ぞろいで、かつ高額な野菜をあえて選好する状況が起きているわけです。

また、Airbnbのサービスも人々の「旅」に対する価値観の変化が生み出したものだと言えます。

Airbnbのサービスが出てくるまで、旅に出たときの宿泊先として、まったく見知らぬ他人の家をネットで探すということは、なかなか考えられなかったのではないでしょうか。

しかしAirbnbがオンライン決済や相互レビューの仕組みなど「信頼のデザイン」をサービスに埋め込むことで、人々の価値観が変化し、見知らぬ人と交流し、地域に暮らすように旅することが肯定的な価値として考えられるようになったのです。

4

「世の中の正解」は移ろいやすい

同じファッションでも、流行にもなるが、ダサくもなる

ここまで社会の変化や人々の価値観の変化により、世の中の正解が移り変わっていくことについて紹介してきました。本項ではさらに一歩踏み込んで、世の中で正解と思われていることが、いかに曖昧で移ろいやすく、かつ複雑なものであるかについて、もう少し詳しく考えてみましょう。

まず、ファッションビジネスを例として考えてみます。ファッションビジネスでは、意識的に流行を作り出すことで、私たちの「正解」の感覚を大きく揺らがせ、それによって消費意欲を喚起させようとします。その結果、時代によって正反対の解答が正解とされたり、2つの両極端の正解の間を行ったりきたりすることも決して稀ではありません。

たとえば、1980年代後半～1990年代のバブル期におけるビジネスシーンでは、ダボっとして肩に大きなパッドの入ったダブルスーツが流行していました。

しかし、2000年代にこうしたスーツはトレンドから外れ、ここ数年は細身で身体にぴったりとしたラインのシングルスーツが流行っています。

もし今、仕事着としてバブル期に流行したスーツを着たら、多くの人はあなたを変な目で見るでしょう。そのような格好は現在のビジネスパーソンから見ると、ビジネス上の「正解」ではないように見えるからです。

しかし流行もはかないもので、現在は細身のスーツも徐々にトレンドから外れてきています。すでに一時期流行っていた極端に細身のスーツは「ダサく」なっており、バブル期ほどゆったりした作りではないけれど、リラックスして着ることができるスーツやダブルジャケットがお洒落だと、ファッション雑誌では消費者を煽るようになっています。

また、個人の感性によって様々な解釈が行われるアートやデザインが絡む分野では複数の正解が同時に認められるケースが多々あります。

たとえば、日本で毎年年末になると数多く演奏され、皆さんも合唱のクライマックス部分だけでも一度は聞かれたことがあるであろう、ベートーヴェンの第9番交響曲（第9）の演奏を例に考えてみましょう。

CDが開発されたとき、CD1枚に収録できる演奏時間は最大74分でしたが、じつはこれはベートーヴェンの第9が1枚のCDに収まるように考慮されたためと言われています。

第9の演奏は、同じ譜面を見て演奏しているにもかかわらず、指揮者によって音楽のテンポや解釈が大きく異なります。

たとえば、20世紀の指揮者としてレジェンド的な存在であるフルトヴェングラーの演奏は端正な演奏でテンポを守り、同指揮者による1951年録音のバイロイト祝祭管弦楽団による第9の演奏は74分台となっています。

一方、現存する最も偉大な指揮者の1人と言われるバッティストゥーニの演奏はとても速いのが特徴で、2016年の東京フィルハーモニー交響楽団との第9の演奏では、なんと58分台で演奏されています。

双方の演奏の印象はかなり異なりますが、どちらも人の心を強く打つ、素晴らしい演奏であるということでは一致しています。このようにまったく同じ譜面を見て演奏しても、人の個性によって様々な解釈やスタイルがあり、その個性の数だけ正解が生み出される世界があるのです。

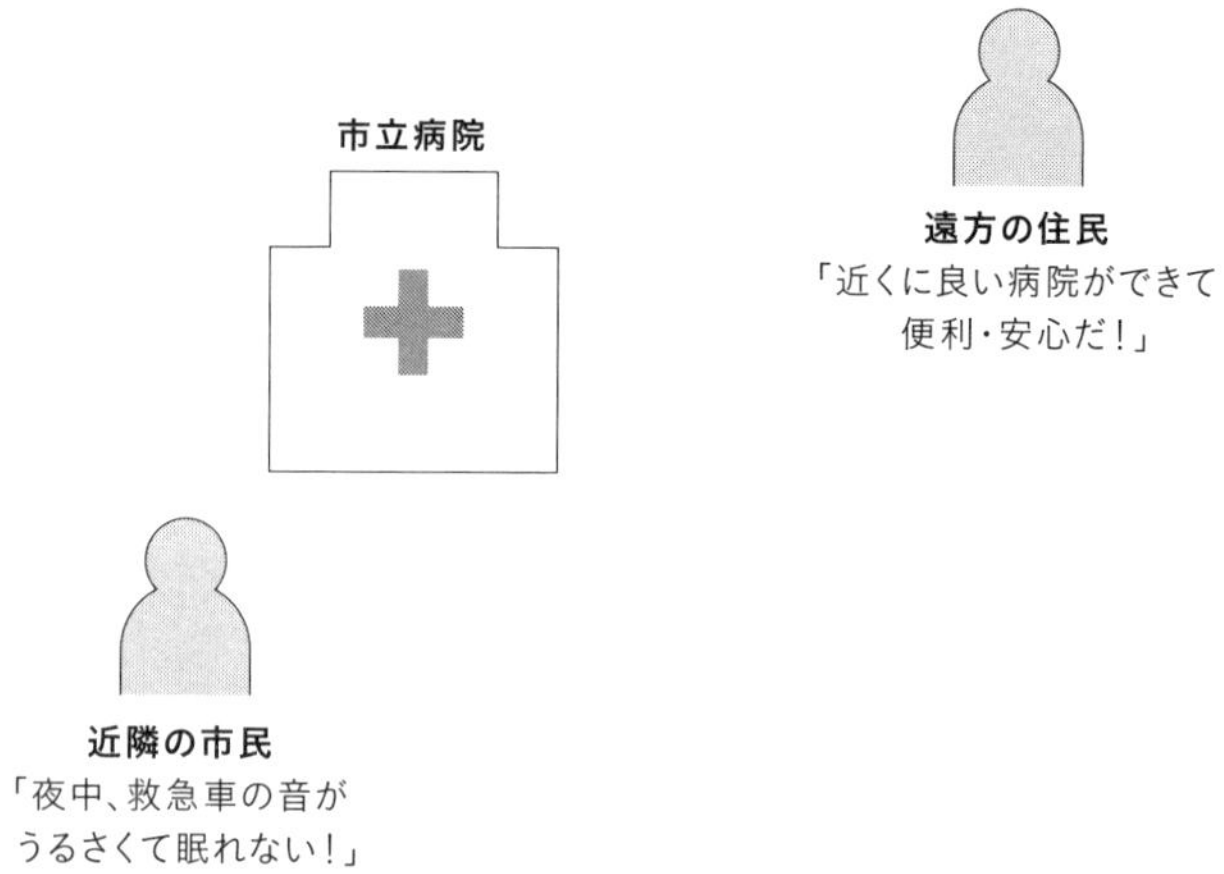
市立病院
遠方の住民
「近くに良い病院ができて
便利・安心だ！」
近隣の市民
「夜中、救急車の音が
うるさくて眠れない！」

誰かにとって正解でも、誰かにとっては不正解

また、多くの人に影響を与える問題に関する選択では、全員にとっての正解がなく、ある人にとっての正解が他の人にとっての不正解ということもあります。

この典型例が政治的な意思決定です。たとえば、ある自治体が特定の地域に市立病院を建設する決定をしたとします。

多くの人にとって、質の高い病院ができることは望ましいことでしょう。しかし病院のすぐ近くに住む人にとっては、深夜でも救急車の音がうるさくなり、住環境が悪化しているかもしれません。これは「NIMBY（Not in my backyardの略)」と呼ばれる迷惑施設に関する有名な問題提起です。

イギリスの法律家であるベンサムは、社会は「最大多数の最大幸福」を目指すべきであると唱えました。

しかし、「最大多数」という言葉が暗示しているように、すべての人が幸福になる意思決定などありません。税金を徴収し、再分配する過程で行われる意思決定の影には、幸福にならない、あるいは幸福度が低くなる少数者が必ず存在するのです。

このように私たちが生きている社会における問題のほとんどは、「唯一」のあるいは「絶対」の正解がそもそもありません。そのようななかで、受験勉強で培った「唯一の正解」を導き出すための「パターン認識力」はあまり意味をなしません。その代わりに威力を発揮するのが、**「センス」、すなわち「直感」から得られるその状況ごとにユニークな示唆**なのです。

5

正解を導き出す唯一の「フレームワーク」もない

フレームワークは万能ではない

　ここまで本書を読まれてきて、世の中に唯一不変の正解も、単一の正解もないのは分かったから、移り変わるビジネス環境のなかでより正しく、素早く意思決定するための有効な手段がほしいと考える読者も多いのではないでしょうか。

　実際、コンサルティングのプロジェクトの現場においても、課題解決を仕事とするコンサルタントならば解決策をさくっと導き出す「伝家の宝刀」のようなものを持っているだろうと期待される顧客も多くいらっしゃいます。この伝家の宝刀としての期待をとくにかけられやすいのが、コンサルタントが活用する「フレームワーク」です。

　フレームワークは正しく使えばとても有効なツールとなりますが、学校の試験勉強で使われる公式や方程式のように、あらゆる問題に簡単に当てはめられ、問題をスパッと解決させられる単純かつ便利なツールではありません。むしろ既存のフレームワークがカバーする問題解決の範囲はかなり狭く、自分なりにカスタマイズしたり、新たに作り出すことが必要となります。

また既存のフレームワークは、現状を明らかにしたり、すでに成功か失敗かの結果が明らかな過去の事例について、後づけの分析を行うことは得意です。しかし、**未知の課題や新規事業の推進など、今まで経験したことのない新しいことに取り組もうとするときには、フレームワークに当てはめるのが困難なケースが多くなります。**

ホンダによるアメリカのバイク市場進出の正解は誰が見つけたのか？

このような事例として有名なのが、ホンダがアメリカのバイク市場に進出した際に行われた分析です。

1959年当時、アメリカの輸入市場の49％を英国のオートバイが占めていました。しかしホンダが1960年代にアメリカ市場に進出すると、1966年にはホンダだけで市場の

当時絶賛されたホンダのアメリカでのスーパーカブのポスター
http://www.mr-bike.jp/feature/cub/cub_ca-01

63％のシェアを獲得することになります。

この状況を受けて、英国政府はボストンコンサルティンググループ（ＢＣＧ）に、「ホンダが、アメリカのオートバイ市場でイギリスの競合企業を劇的に凌駕したのはなぜなのか」について分析することを依頼しました。

ＢＣＧはセグメンテーションのフレームワークに基づき分析を行った結果、次のような示唆をレポートとしてまとめ上げました。すなわち、ホンダがアメリカ市場を綿密に調査したところ、中流階級に向けた低コスト製品という新たなセグメントの市場ニーズを見出すことができ、そこに彼らの日本国内における主力商品であったスーパーカブを投入するという戦略的なマーケティングを行った結果、新しい市場創出に成功したと結論づけたのです。

では、アメリカ市場に進出する際、ホンダの社内で実際にそのような戦略的な分析に基づく意思決定は行われたのでしょうか。

じつはホンダはアメリカ市場の参入時点では、250ccと305ccの大型バイクで挑戦することしか考えていませんでした。しかし、まったくうまくいかないまま8カ月間が過ぎ、50ccのスーパーカブに切り替えたら、たまたま売れたというのが真相だったのです。

さて、ここでもし1959年当時、アメリカ市場に進出する際にホンダがBCGにコンサルを依頼していたら、BCGはどのような分析を行ったでしょうか。予測は難しいですが、スーパーカブではなく250ccと305ccの大型バイクを主軸に、いかに売るかという戦略を提案した可能性が高かったのではないでしょうか。

なぜそう思うかというと、その当時、小さなオートバイの市場そのものがアメリカにはなかったからです。BCGのセグメンテーションのフレームワークの基本的な考え方は、「既存市場の既存ニーズ」をどう切り分けるかにあります。しかし、どれだけ既存市場や既存ニーズをセグメントしたとしても、「新規市場のニーズ」はターゲットとして出てくることはありません。

ビジネスの現場は、ますます先例が通用しない時代になってきています。そのなかで私たちが、日々生じる問題を解決するための「最適解」を導き出し、ビジネスの成果を上げ続けるためには、既存のフレームワークをその本質を理解しないまま、過去の知識や経験を頼りに漫然と活用するのではなく、**必要に応じて新しいフレームワーク、すなわち新しい思考の枠組みを自ら作り出す力を養わなくてはなりません。**

本書で紹介する「セグメント」は、自力で問題解決のフレームワークを作り出すための考え方と技術となります。「セグメント」を習得することができれば、多様な場面で問題解決を行う強力な武器となってくれるのです。

6 「論理的な理屈」に基づくプロジェクトマネジメントの限界

現実がドラマのようにいかない理由

ビジネス上の「問題」を分析し、「課題」を抽出して実効性の高い「解決策」を導き出すことができたとしても、「解決策」の実行がうまくいかず、成果を出すことができなかったという経験は誰しも一度や二度ならずあるのではないでしょうか。

なぜ、私たちが頑張って立てた計画が、うまく実行されないことがあるのでしょうか。その大きな理由は、**実際の社会において論理的な理屈、すなわち正論に従って行動を起こすことが、必ずしも最適な解決方法ではないことが多くあるからです。**

2020年、最も話題になったテレビドラマの1つに『半沢直樹』があります。主人公の半沢直樹が企業や政治が抱える様々な問題に切り込み、鮮やかに解決していく姿に多くの人が気持ちをスカッとさせたのではないでしょうか。一方、あのドラマのように上司に正論を直言し、問題を容赦なく解決していくことは、現実の世界ではありえないと思われる方がほとんどだったのではないかと思います。

『半沢直樹』の世界を私たちが非現実的と感じる原因の1つとして考えられるのは、実際のビジネスの現場においては職掌が細分化されている結果、私たちがビジネスにおいて1人でできることがとても限られていることにあります。

とくにタスクや責任が個人に厳密に割り振られていることが多い現在のビジネスオペレーションでは、他人の問題に積極的に関わるべきではないと考える人も多くいるように思います。自分の責任を部下に押しつける上司は論外としても、メンバーが自分の目標やノルマのみにフォーカスして、横の連携がとられないケースは往々にして見受けられます。

私たちが問題解決のための取り組みを成功させるためには、皆で協力すれば解決できるような問題が放置されることを防ぎ、人々の目線を合わせて、プロジェクトが1つの方向に向かうように説得することです。そのためには関係するメンバーのうち、できる限り多くの人がそれぞれの思いはありながらも1つの方向を向いていることが大事になります。

これは一見すると、そう難しくないことのように思えるかもしれません。しかし、さきほどの市立病院の事例において取り上げたように、多くの人が影響を受ける意思決定に際しては、必ず誰かしらが不利益を被ったり我慢したりすることが避けられません。そうなってくると、不利益を被る人々をうまく説得しない限り、思いを1つにすることは難しいのです。

このような状況を踏まえると、論理的な理屈から導き出される「理想解」は、必ずしも問題解決を実行するという視点での「最適解」にはならないケースがあることが分かるでしょう。**問題を解決し、状況を前に進めるためには、場合に応じて「理想解」と「最適解」の2つをきちんと切り分けて考えなくてはならないのです。**

そして、論理的にはより良い選択肢があったとしても、メンバーのベクトルを合わせて大きな1つの流れを作ることができる施策や、論理上の欠点を皆の連携でカバーできる施策を選ぶことが物事を前に進めるという観点においで「正解」となるのです。

「ストーリー」は多くの人の心を1つにする

ビジネスの現場において、マネージャーやプロジェクトリーダーが様々な思いを持っている人々を1つの方向にまとめ上げ、目標の達成に向けた活動へと導くために大切になってくるのが「ストーリー」です。

「ストーリー」には人々の目線を合わせ、感情を奮い立たせて1つの方向へと向かわせる力があり、もともとは政治や企業のリーダーの演説においてよく使われている手法でもあります。

たとえば、イギリスの首相ウィンストン・チャーチルは第二次世界大戦中に国民を戦争に向けて一致団結させるための、いくつもの名演説を残しています。また、スティーブ・ジョブズによるApple社の新製品発表のスピーチの多くは、私たちの心に深く残っています。

そして、私が所属しているAirbnbもサービスを利用するホスト・ゲストの体験を「ストーリー」として見える化することで、サービスの改善点を洗い出す仕組みを構築しています。この「ストーリー」は、ウォルト・ディズニーによる世界初のアニメーション動画である「白雪姫」の名前を取って「Snow White」と呼ばれ、サービス体験の特徴的な場面を切り分け、イラスト化されたパネルは世界中のAirbnbのオフィスに展示されています。

本書では、優れたリーダーや企業が語る「ストーリー」を参考にしつつ、目の前にある問題を解決するためにチームのメンバーを一致団結させ、スローガンに止まらない具体的な行動を促すための効果的な「ストーリー」の手法についてもご紹介します。

7 「単純な論理思考では解決できない問題」を前に進めるための3つのS

問題解決で欠かせない3つのS 〜「Sense」「Segment」「Story」〜

ビジネスで様々な問題に直面して、それらの解決に取り組むとき、過去の知識や経験、スキルでは太刀打ちできないと感じることも少なからずあります。

前例もない、頼りにできる人もいない、それでも新しいことにチャレンジして成果を出していかなくてはならない。そのようなときに共通して活用できるのが、次に述べる思考の3つのステップです。

1 直感に基づいて「問題」を把握し、ユニークな示唆を得ること

2 示唆に基づきフレームワークを構築し、「課題」と「解決策」を導き出すこと
3 解決策の中から人々を行動に促す「最適解」を導き出し、適切な形で伝達していくこと

そして、この3つのポイントを効果的に実現するために活用するのが、本書の主題である「問題を解決するための3つのS」です。「3つのS」とは、次の頭文字を取ったものになります。

○ Sense（センス）＝問題を感じ取る「直感」
○ Segment（セグメント）＝問題を解決可能な課題にするための「切り分け」
○ Story（ストーリー）＝課題解決に向けてメンバーを一体化させる「物語」

まず**「Sense（センス）」**は「第6感」と呼ばれる「直感」、あるいは「直感的な理解」を指します。「センス」は良いものを見抜く力だけでなく、おかしな部分、不自然な部分を見抜く力を与えます。この直感的な理解を通じて問題解決につながる示唆を導き出すのが、「センス」の役割になります。

次の**「Segment（セグメント）」**はセンスによって得られた示唆に基づき、適切な視点で問

題を切り分け、本当に解決すべき課題を抽出する力です。問題から解決可能な課題を「切り分け」ていくと、その中からまず取り組むべき課題と、問題解決への道筋を導き出すことができます。

そして、最後が**「Story（ストーリー）」**、すなわち「物語」です。関係者全員が一致団結して、問題解決につながる課題に取り組み、成果を上げるために、全員が同じ目線で「その課題を解決することで、問題がどのように解消されるか」ということに関する共通の物語を語れるようになることです。また、多少異なる利害関係があったとしても、小異を捨てて大同につくことができるよう、人々をモチベートするのも「ストーリー」の役割となります。

優れた医者は「3つのS」を自然に使いこなしている

弁護士や医者、あるいはコンサルタントなど、問題解決を専門とする人々は、意識的あるいは無意識のうちに「3つのS」に従って顧客に接し、課題解決を行っています。

彼らは長年にわたる経験と知識に基づき、顧客の話から問題のありかを直感的に察知し（センス）、その問題から解決すべき課題を切り分け（セグメント）、顧客や患者などの関係者にその課題に取り組むように動機づける（ストーリー）という活動を行っているのです。

Sense（直感）

問題を感じ取る「直感」

Segment（切り分け）

問題を分析可能な課題に「切り分け」

Story（物語）

課題解決に向けてメンバーを一体化させる「物語」

ちなみに、私が問題解決の手さばきに感動した最初の体験について紹介したいと思います。

高校生の頃、急な腹痛に襲われ、母と夜間に病院に駆け込んだことがあります。私自身は食あたりか風邪かぐらいに思っており、薬を処方されてすぐに帰宅できると思っていました。

しかし、担当した医者は、お腹のどの辺りが痛むかについて詳しく聞いたあと、私のお腹のいろいろな箇所を押してどれぐらい私が痛がるかについて確認し、血液検査と超音波検査を行ったうえで急性虫垂炎の診断を下しました。そして母と私に、すぐに手術をしないと腹膜炎を併発する深刻な状況であると告げ、翌朝には緊急手術を行ったのです。

医者は、痛みなどの症状を訴える患者が来ると問診を行い、様々な質問を投げかけて患者の現状を把握し、そこから、直感的に患者が予想だにしない問題のありか＝虫垂炎の可能性を探り出します（センス）。

次に、医者は病気が疑われる箇所を切り分け（セグメント）、その部分に集中した検査（お腹を押し、超音波検査を行う）を通して自分の考えている病気の仮説が正しいかどうかについて検証します。

そして、検査によって明らかになった課題に対する治療方針として手術を選択し、患者に結果を説明します（ストーリー）。

医者が行っている一連の流れは実際のところ、ビジネスパーソンがビジネスで生じる問題を解決するために行っていることとさほど変わりません。こうした「問題解決の型」を理解し、意識的にその型を活用していくことで、より効果的、効率的に問題を解決することができるようになるのが本書の狙いでもあります。

8

「問題解決3つのS」は新しい言語を習得するようなもの

「問題解決」という新しい言語を使いこなすための3つのステップ

「問題解決3つのS」をそれぞれ独立した概念として理解し、活用している間はきちんと使いこなせているとは言えず、「3つのS」が有機的に融合した形でシームレスに、無意識に活用できるようにならなくてはなりません。

では、「問題解決3つのS」に習熟し、ビジネスにおいて無意識に活用できる状態とはどのようなものなのでしょうか。私がこの状況を説明する際に一番しっくりくるのは、「問題解決」という新しい言語をしゃべれるようになる感覚です。「3つのS」を概念として理解している初期の段階と、血肉として自分のものとしている段階をたとえて言うならば、第二外国語を学びはじめた最初の段階と、母国語と同程度に操れるようになったバイリンガルの段階ぐらいの違いがあります。

ちなみに言語によって脳の使い方が異なるという興味深い研究があります。バイリンガルの人が第二外国語を話すとき、じつは母国語を話しているときと異なった脳の使い方をしているというのです。

これについては2015年に『Psychological Science』誌に発表された興味深い研究があります。被験者に自動車の方向へと歩いている人物の動画を見せ、その様子を言葉で描写させる実験で、英語を母国語とする人の多くは「人が歩いている」動画だと答えたのに対して、ドイツ語を母国語とする人の多くは「自動車に向かって歩いている」動画だと答えるという結果が出ました。

話す言語によって物事のとらえ方に違いが出たのです。ここで面白いのが、英語もドイツ語も流暢に話す人々に実験を受けてもらったところ、被験者がその瞬間に使っていた言語によって答えが変わることが明らかになったのです。

ビジネスで「問題解決の言語」がしゃべれるようになっても、私たちがビジネスで使う言語が日本語から別の言語に変わるわけではもちろんありません。しかし同じ日本語を使っていたとしても、私たちのプライベートでのしゃべり方と、お客様に接するときのしゃべり方は大きく異なるという経験は皆さんもされていると思います。

そしてビジネスでお客様としゃべるときは、日常生活とは異なる前提やロジックで物事を見ることが多いのではないでしょうか。皆さんも日常生活なら腹を立てるようなことも、ビジネスでお客様を前にするときは感情を抑えるといった経験をされたことがあるでしょう。

私たちがプライベートとビジネスで脳を切り替えるように、一般的なビジネスパーソンと、問題解決の思考を身につけたビジネスパーソンでは、そもそもの脳の使い方が異なってきます。そして**問題解決のための脳の使い方を身につけたとき、普段の思考では見えなかった問題を解決する糸口が自然と現れるようになる**のです。

問題解決のスキルは「形式知」「暗黙知」「実践知」とレベルアップしていく

問題解決のスキルを身につける際もまた、バイリンガルになるときの習熟の流れと非常に似通っています。

バイリンガルになろうとして英語を学習するとき、一般的にはまず「文法」を理解して「単語」を覚えることからはじまります。しかし、ひと通り「文法」を理解して一定数の「単語」

を覚えたとしても、その知識だけでは、単語を1つずつ日本語に翻訳して、その結果から文章の意味を類推するぐらいで精一杯なのではないでしょうか。また、ヒアリングでは一部の言葉は聞き取れたとしても、それを脳内で日本語に変換している間に分からなくなってしまう状態でしょう。このような読解レベルを「ステージA」とします。

この「ステージA」の状態から、地道に努力を重ねていくと、やがて単語の意味を1つひとつ翻訳したり文法的な構造を考えたりしなくても、意味をなんとなく把握できるようになります。英語を英語のまま理解できるようになるのです。このような状態を「ステージB」と定義します。

しかし「ステージB」の段階に到達して、相手の言っていることは理解できるようになったとしても、そこから自分の伝えたいことを思いのままにしゃべれるようになるには、まだもう少しの努力が必要です。すなわち感覚的に理解できるようになったことを、今度は言葉で表せるようになるための訓練が必要となるのです。この訓練を経て、英語のままで内容を理解し、英語のままで思考し、相手に内容を伝えることができるようになったとき、はじめてその人は英語を使えるようになったと言えます。この状態を「ステージC」とします。

ビジネスにおける問題解決能力もまた、この「ステージA」～「ステージB」～「ステージC」という段階を経てレベルアップしていきます。なお、この流れは野中郁次郎氏が組織における知識創造の3つの知識のあり方として論じた、「形式知」「暗黙知」「実践知」の概念とも重なります。

まず「ステージA」の段階は、ビジネス上の問題に自分の知識やフレームワーク、すなわち「形式知」を断片的に当てはめて、問題を読解しようとしている状態だと言えます。しかし脳や肺や胃や腸を切り出して、この総和が人間であると言っても違和感があるように、ビジネスの本当の問題を読み解くためには、切り分けた課題の有機的な相互関係を読み解くことが必要となります。

「ステージB」では問題をその総体としてとらえ、切り分けた課題の相互関係に基づき、適切な取り組みの判断を下せる状態が個人の中で出来上がった、いわば「暗黙知」を身につけた状態にあります。しかし、この状態では自分のスキルになっていることを、うまく他人に伝えることができていません。よく職人の世界で、「弟子は技術を目で見て盗め」と言いますが、それでは弟子に技術を伝えるのにとても時間がかかるわけです。

それが「ステージC」まで上がると、自分の獲得した「暗黙知」を人に伝達できる状態となります。あなただけの「暗黙知」が皆に共有できる「実践知」として提供できるようになることで、はじめて問題解決のための全体的なスキルが身につくのです。

第2章

ビジネスの問題は「直感（センス）」でつかむ

1

問題を発見するための「センス」

私たちは普段、どんなふうに「センス」という言葉を使っているのか

前章では、ビジネスにおいて問題解決をするために重要な「3つのS」について紹介しました。この「3つのS」のうち、最初に取り上げるのが「センス」です。

問題解決においては「センス」を身につけることが最も重要である一方、「センス」という言葉はとても曖昧で、分かりにくいと感じる方も多くいらっしゃいます。そこで、まず問題解決における「センス」とは何かについて考えていきましょう。

ところで、「センス」という言葉を皆さんはどのようなときに使うでしょうか。まず、「センス」という言葉が使われる状況としてイメージされるのは、「あの人は洋服のセンスがいい

ね」とか「この部屋はインテリアのセンスがいいね」といったモノの選び方や組み合わせのうまさを評価するときです。また、「ゴルフのセンスがあるね」とか「お金儲けのセンスがあるね」といった、何かを実行するときのコツをつかむうまさに対する評価としてもよく使われます。

「センス」という言葉のこれらの使用方法から考えると、**「センス」とは、モノを選んだり組み合わせたり、あるいは何かを行うときの良い塩梅《あんばい》、すなわち「物事の適切なバランスを感じ取り、最適化する能力」**だと言えるのではないでしょうか。

この「センス」の定義に従うと、「センスが悪い」ということは物事が適切なバランスとなっておらず、何かが崩れているか、あるいは最適化されていない状態だと言えます。

「洋服のセンスが悪い」と言われる人は、色や柄、あるいはシルエットのバランスが崩れた格好をしています。たとえば幅広のパンツを履いたとき、上半身も緩いシルエットの服を着るとダボっとしてだらしなく見えるでしょう。また、チェック柄のスーツ、シャツ、ネクタイは単品ではお洒落かもしれませんが、それらをすべて一度に合わせて着ると派手過ぎて合わせるのが難しいでしょう。

「センスの正体はバランス感覚である」と、私が最初に理解したのは政治家時代でした。

市議会議員選挙に出馬する際、私は政治家に必要とされるジバン（地盤）、カンバン（看板＝肩書き）、カバン（鞄＝金）をいずれも持っていませんでした。そのなかで私が採った戦略は、その地域の政治的なバランスの危うい部分を直感的に把握し、その危うい部分を崩す活動を行って支持を広げるというものでした。

どんなに人気のある政治家でも、アンチは必ずいるものです。アンチとなっている人々をうまく味方につけつつ、主流派にも顔を売っておくことで、積極的に支持はしてもらえなくても攻撃対象にはならない、といった選挙区内でのバランスをとりながら活動を進めました。その結果、市議会議員のときには約4カ月の活動で、23人中8位で当選することができたのです。

また、衆議院総選挙でも現職の大臣を相手に8万票を超える票を獲得し、あと6000票ほどで復活当選するところまでいくことができました。そして、この政治家としての「センス＝バランス感覚」が、コンサルタントに転身後も大きな価値を発揮したのです。

なぜ、「センス」という概念はつかみどころがないのか？

さて、「センス」という概念についてイメージをつかんでいただいたと思いますが、これを

センスとは何か

センスとは、「物事の適切なバランスを感じ取り、最適化する能力」である

センスの良し悪しを数値化することは難しい

良いセンスは、学習で身につけることが可能である

身につけることに、なぜ多くの人は難しさを感じるのでしょうか。

まず、「センス」はその良し悪しに関する数値化が難しい点が挙げられます。テレビ番組でファッション雑誌の専門家が巷《ちまた》の人のコーディネートに点数をつけるような企画をよく見かけます。しかし、ある日に着ていた洋服のコーディネートについて点数をつけることができたとしても、それはあくまでその日のコーディネートに対してであって、その人自身の洋服の「センス」を総合的に数値化したものとは言えません。

また、「センス」は将来のポテンシャルを織り込んで判断されることも多くあります。たとえば初心者ゴルファーの初ラウンドのスコアがあまり良くなくても、それはその人のゴルフの「センス」を必ずしも反映するものではありません。こうしたことも「センス」の数値化を難しくする一因となります。

最後に、「良いセンス」は一部の人だけが生まれ持って身につけている天性の能力で、一般人には備わっていないものだと考えられがちです。けれども実際には、**「センス」は後天的な学習で身につけられ、磨くことができます。**「センス」の本質は「バランス感覚」であり、正しいバランスの状態を理解していれば、センスを磨くことができるのです。

「センスがない」と感じるとき、それは私たちの中に「センス」が欠如しているのではなくて、正しく機能していないだけなのです。

2 コンサルタントが有する「問題解決のセンス」

「センス」はビジネスの様々な場面で活用されている

「センス」とは物事の適切なバランスを感じ取り、最適化する能力である、と前項で定義づけました。では、「センス」は実際のビジネスでどのように発揮され、私たちの仕事を助けてくれるのでしょうか。

ビジネスにおいて「センス」が活用できる場面は広範に渡ります。

たとえば、仕事の段取りがうまかったり、どこに儲けのネタがあるかを敏感に察知して業績につなげることができる能力は、「ビジネスセンス」の1つとして考えられるでしょう。あるいは、クライアントとの交渉や部下のマネジメントがうまいのも、「ビジネスセンス」としてとらえられることが多いかもしれません。

こうした様々な分野における「ビジネスセンス」の根幹には、1つの共通する要素があります。それは**現状を把握して、問題を解決したり、問題の発生を未然に防ぐことで物事を円滑に進めるための言語化しづらい能力が関わっていること**です。

コンサルタントが顧客が気づかない視点を持っているのは「センス」を磨いているから

コンサルタントもまた、企業からの依頼で問題解決を行う際に「センス」を活用します。ちなみに、企業がコンサルタントを頼む理由は、大きく3つのパターンに分けられます。

まず1つ目のパターンは、経営会議で活用する事業計画等の資料を作ってほしいというものです。事業部の計画から会社全体の中期経営計画まで、市場分析から戦略・戦術をまとめるところまで一気通貫でサポートします。

経営計画の策定に際してコンサルタントに最も求められているのは、顧客が考え、イメージしていることを形にして、データの根拠を与え、役員会議で提示したときに異論が出ないよう、資料を隙なく見栄えよくまとめ上げる能力です。昔、先輩のコンサルタントが自らのことを「高級人材派遣」と自嘲していたのを聞いたこともありますが、ピンポイントで即戦力を必要とするときには有効なサービスでしょう。

2つ目のパターンは、顧客が自分たちには言いづらいことを、コンサルタントを使って言ってもらうというものです。このような依頼の典型例はコスト削減(=人員削減)のプロジェクトで、顧客とともにコスト削減計画をまとめ上げ、その実行を支援する役割を担います。

2つ目のパターンのプロジェクトで求められることを言葉を選ばずに言うと、「人身御供《ひとみごくう》」としての役割です。人員削減などのプロジェクトは痛みを伴い、推進した人は大なり小なりの恨みを買うわけですが、その恨みを外部者であるコンサルタントが一身に受けることも含めてプロジェクトが買われるわけです。

そして最後のパターンが、誰もが答えを持っていない問題や新しい取り組み、たとえば新規事業の創出やビジネスモデルの再構築、事業のV字回復や企業統合といったプロジェクトです。このパターンのプロジェクトでは、ワークショップやブレインストーミングを行うことで、コンサルタントと顧客が一緒に試行錯誤しながら、成果を生み出すことを目指します。

3つ目のパターンのプロジェクトでは、顧客が気づいていなかった新しい視点を提示することで、問題を解決したり、新しい可能性を示して社員をドライブすることが大きな価値となります。そしてコンサルタントの「センス」が最も問われるのは、この3つ目のプロジェクトのパターンとなります。

では、なぜ3つ目のプロジェクトのパターンにおいて、コンサルタントは顧客が気づいていない問題点や新しい視点を見つけ出すことができるのでしょうか。それはコンサルタントが新しい経営理論やフレームワークに精通しているからでも、顧客の知らない市場情報を持っているからでもありません。

私は、顧客とコンサルタントの間にビジネスに関する情報やスキルの非対称性はほとんどないと考えています。顧客側もMBAを取得している方が多く、インターネットで様々な情報を瞬時に獲得できる現在の状況において、コンサルタントだけが持っている魔法の杖など実際のところありません。

それでも顧客がコンサルタントに高いお金を払って仕事を依頼するのは、**熟練したコンサルタントは、様々な業界の様々な分野のプロジェクトに携わった経験から、ビジネスにおける物事の適切なバランスがどのようなものかということに関する高度な「センス」を磨いているからである**、と私は考えています。

私自身、化粧品メーカー、IT企業、電気機器企業、建設業、そして自治体など様々なクライアントを対象とした企業統合支援からコスト削減、さらには新規事業の創出など多方面に渡るプロジェクトを担当させていただきました。その経験を積むなかで業種や会社の置かれた状況を超えて共通する「勘どころ」があることを理解するようになりました。

クライアントが答えのない問いに直面したときに、コンサルタントは、ある種の絶対的な「基準＝ものさし」をもとに様々な選択肢の「筋」の良し悪しを直感的に判断し、その判断を整理して言語化します。これが、経営者やマネージャー、あるいはプロジェクトリーダーに気づきを与え、現状のブレイクスルーをもたらすきっかけを作り出すのです。

3

センスの正体は「普通に対するものさし」

センスとは、自分の中にある「ものさし＝基準」でバランスを見ること

コンサルタントは、様々な業種の様々なタイプのプロジェクトの経験や思考訓練を通して、世の中やビジネスに対する「ものさし＝基準」を自分の中に持つようになります。この**「ものさし」を使って、問題をとらえる際の解像度を高め、顧客の状況に対する「違和感」を直感的に感じ取ることで、顧客の抱えている問題の核心に切り込み、価値を出していくことが「センス」の正体である、**と私は考えています。

しかし、「センスとは世の中やビジネスに関するものさしを持ち、解像度を高めることで問題を解決することである」と申し上げても、まだ多くの方にはピンとこないかもしれませ

んので、この部分についてもう少し説明をしていきます。

まず、「ものさしを持つ」というのがどういうことかについて考えてみましょう。「ものさし」とは端的に言えば、**普通の状態に対する正しい基準を持つことで、現状のバランスが崩れていないかを把握できるようになること**です。

「くまモン」のデザインなどでも知られるデザイナーの水野学氏は『センスは知識からはじまる』（朝日新聞出版）という著書の中で、『センスのよさ』とは、数値化できない事象のよし悪しを判断し、最適化する能力である」と定義されています。

そのうえで、水野氏はセンスのいい／悪いを測ることができる唯一の道具は、「普通」だと言います。水野氏が考える「普通」とは、大多数の意見を知っていることでも、常識的であることでもなく、「いいもの」と「悪いもの」が分かり、その両方を知ったうえで「一番真ん中」がわかるということです。本書と使っている言葉は異なりますが、「センス」というものに対する考え方はとても近いと言えるのではないでしょうか。

「普通」の価値については、日本を代表するデザイナーの1人である深澤直人氏も多く語られています。深澤氏は『ふつう』（D&DEPARTMENT PROJECT）というそのままのタイトルの書籍を出されていますが、その中で次のように書かれています。

「『ふつう』とは日常に散らばった点を結んだ線の輪郭のことだ。『ふつうそうだろ』『そんなのふつうじゃない』『それ、ふつうすぎない？』。誰もがきっとそう思っている、そう感じている、そう捉えている、という暗黙に共有する抽象の輪郭が『ふつう』の原理だと思う」

「問題を解決する」というと、試験問題のように白か黒か、0か1かという形で、明快な答えに基づくはっきりとした変化や区切りが示され、それに向かって努力するといったイメージを持たれるかもしれません。

しかし現実の社会やビジネスにおいて白黒がはっきりとつけられ、課題が明らかな問題はむしろ稀です。**曖昧模糊《あいまいもこ》として、常に変化していくビジネス上の問題を、自分の「ものさし」でとらえ、「つかめる」課題に切り分けたうえで、負の方向に振れている部分を調整して「ちょっといい普通」の方向へと流れを作るのが問題解決の本当の姿なのです。**

センスとは「ご飯をひと口食べて、腐っているかどうかが分かること」

「センス」に関してもう1つ述べておきたいのは、**瞬間的に発揮されるもの**だということです。問題に対して「センス」に基づき判断を行うとき、状況を見て自分の中にある基準を確認して、自分の中の基準と比較して答えを出す一連のプロセスは、意識的あるいは論理的に思考して行われるわけではありません。すべては無意識のうちに、瞬間的に判断が行われるのです。

この点に関しては、私が戦略コンサルタントになったときに、お世話になったパートナー（役員）との逸話とともに紹介します。

コンサルタントになり立ての頃、あるプロジェクトに一番下っ端のメンバーとして参加したことがあります。そのプロジェクトは少し特殊なものだったため、とても難易度が高く、なかなかクライアントを満足させることができず、プロジェクトチームは苦戦していました。

プロジェクトの責任を担っていたプロジェクトマネージャーは、この状況を打開するために資料を何枚も作り、毎日のようにパートナーにレビューをしてもらっていました。しかしパートナーは最初の1ページを見ただけで、あるいは資料に入る前の説明を聞いただけで、プロジェクトマネージャーにNGを出し続けました。

ろくに資料も見ないでつき戻し続けるパートナーに、プロジェクトマネージャーがとうとうキレて、せめて最後まで説明を聞いてからコメントしてほしいと言ったことがあります。

そのとき、パートナーはこう答えたのです。

「ご飯をひと口食べたら、これは腐っているか腐っていないか分かるだろう。この資料が腐っているかどうかはひと目見たら分かる」

その言葉を聞いて、プロジェクトメンバー全員が何も反論できずに妙に納得して帰ったのを覚えています。

余談ですが、そのプロジェクトはその後、パートナー自らが1枚のチャートを作り、その資料をクライアントに提示したところ、スルスルと状況が改善して、成功裏に終わらせることができました。

本題に戻ると、**センスを働かせるということは、「何かを食べて、それがおいしい、まずい、あるいは腐っている」と感じる私たちの味覚の基準に非常に似ている部分があります。**このように誰もが直感的に感じ取り、そしてある程度誰もが同じ感覚を共有できる一般的＝普通なもの、それが「センス」なのです。

4 「センス」が持つ4つの特徴

「センス」の特徴を「味覚」になぞらえて言語化してみると

なかなかとらえがたい「センス」の正体をより理解していただくため、「味覚」という私たちにとって馴染み深い感覚を例に「センス」が有する4つの特徴について説明します。

「センス」の特徴として、最初に挙げるのは、それが**思考ではなく感覚であること**です。「センス」という言葉を英語で使う場合、「感覚」や「知覚」を意味する言葉として用いられることがあります。実際、私たちが「直感＝センス」を働かせるとき、それは五感の何かから得た刺激を瞬間的に変換した結果であり、沈思黙考して得た結論ではありません。

たとえば、ラーメンを食べたときに完食してスープを全部飲み干さないと、そのラーメンがおいしいかまずいかが判断できないという人はいないでしょう。ひと口食べてスープを啜《すす》れば、だいたいそこでおいしい、まずいという評価が決まります。ラーメンを完食したあと、もう一度評価したとしても、その判断が大きく変わることはないはずです。

これはあらゆる情報を確認して分析した結果、結論を出す帰納法に基づく「論理的思考」とは大きく異なります。いろいろな要因を分析した結果として答えが分かるのではなく、答えが分かったあとに、答えを補強する理由を探すのです。

2つ目に挙げる「センス」の特徴は、**異なるジャンルのものを、1つの軸で評価することが可能だということ**です。私たちはラーメン、ピザ、ステーキ、蕎麦、天ぷらなど、異なったジャンルにまたがる料理を、おいしい、まずいという軸で評価することができます。

味覚の5つの基本味と呼ばれる甘味、酸味、塩味、苦味、うま味のバランスは料理の種類によって大きく異なります。にもかかわらず、私たちは料理の味のバランスの調和がどれくらいとれているかを瞬時に判断して、おいしい、まずいという軸で評価するわけです。

同様に私たちはビジネスの現場において、「良い」「悪い」、あるいは「正しい」「間違っている」という軸を持ち、異なる製品やサービス、あるいは戦略やオペレーションをまたがって評価することができます。

3つ目に挙げるのが、**今まで体験したことのないものでも、評価を行うことが可能だということ**です。はじめて食べる料理についても、私たちはおいしい、まずいという判断を下す

センスの4つの特徴

瞬間的な判断である

異なるジャンルのものを、1つの軸で評価できる

今まで体験したことのないものでも、評価可能である

経験を積むことで、磨かれる

ことができます。ただ、クセのある食べ物については、最初に食べたときにはイマイチに感じても、徐々においしいと感じることもあります。

この3つ目の要素とも関連する、最後の4つ目の特徴として挙げるのが、**「センス」は経験を積むことで磨かれるということ**です。成人して最初にビールやウイスキーを飲んだときに、苦いとか、まずいと感じたけれど、飲んでいるうちに徐々に好きになっていた経験を持っていらっしゃる方も多いのではないでしょうか。経験すればするほど味に慣れて、おいしいと感じるようになることを英語では「acquired taste（馴染んで好きになる味）」と呼ぶと、ある人から聞いたことがあります。

様々なジャンルのおいしい料理を食べ、質

の高い経験が増えれば増えるほど、食べ物に対するセンスは高まっていくでしょう。立ち食いそばしか食べたことがない人（立ち食いそばにもおいしいものもありますが、一般例として）に、国産の最高級の蕎麦粉で名人が打つ蕎麦のおいしさをイメージしてみろと言っても分からないでしょう。**経験の質も「センス」を高めるうえで重要な要素となるのです。**

ビジネスにおいても、似たようなサービスでもビジネスモデルの勘どころが異なるケースがあります。その違いを見抜くためには、ビジネスの経験の量と質が必要です。

企業が企業を顧客とするＢ２Ｂサービスや企業が個人を顧客とするＢ２Ｃサービスと、Airbnbやメルカリのように個人が個人を顧客とするＣ２Ｃサービス・マッチングプラットフォームの勘どころは大きく異なります。前者では「製品・サービスのクオリティ」が大事であるのに対し、後者では「製品・サービス提供者の信頼性」が最も重要となります。

一方、中国のアリババグループのサービスは、創業当時の中国企業の信頼性が低かったため、Ｂ２Ｂサービスでありながら、Ｃ２Ｃサービスに近いビジネスプロセスを構築しています。したがってＣ２Ｃサービスについても知識や経験がないと、アリババのサービスの独自性やその本質はつかめないのです。裏返せば、様々な分野でのビジネスを経験し、知識を得れば得るほど「センス」は磨かれるとも言えるのです。

5 「センス」は思考ではなく感覚的に発揮される

「センス」があると、一瞬で判断できる

前項では「味覚」を例に、「センス」が持つ4つの特徴について述べました。次に、よりビジネスに即して、「センス」の4つの特徴はどのように現れるかを考えてみましょう。

まず、「センス」が思考ではなく感覚的に発揮される点についてです。

たとえば、経験を積んだ会計部門の社員は企業の貸借対照表をパッと見ただけで、何かがおかしい（脱税や粉飾決算の疑いがあるなど）と感じることができます。同様に自動車のメカニックはエンジン音を聞いただけで、異常があるかないかを把握することができます。チェーン店舗で日々の売上を分析しているスーパーバイザーは、ある日の売上のわずかな、しかし普通とは異なる変化に気づくことができます。

「サンマの不漁のニュース」に感じた違和感

こうした「直感」、もっと正確に言うと「違和感」は日常の何気ない経済・社会のニュースに対しても働きます。たとえば最近、私自身が違和感を感じた出来事には、こんなことがありました。

2020年8月、不漁のためサンマの値段が高く、初卸《はつおろし》のものは、漁協の直売店では1尾1000円で売られているというニュースがテレビで流れていました。ニュースの中では街ゆく人々のインタビューも行われていて、「1000円！ 高いですね！」とか「こんな値段だと今年はサンマは食べられません！」といった報道がされていました。

じつは私はこのニュースを見たときに、違和感を感じました。なお私は普段あまり焼き魚を食べません。旬のサンマはおいしいと思いますし、飲み会や食事会で出てきたらおいしくいただくのですが、あえて食べようと思ったことはありません。要するに、サンマが豊漁か不漁か、値段がいくらかということにまったく意識的な人間ではないのですが、そんな私が報道に対して違和感を感じたわけです。

違和感を感じた理由をあとから論理的に考えてみると、次の2つが原因だったのではないかと思います。

1つ目は、「前の年にもサンマが高いというニュースを聞いたことがあるけれど、本当に今年だけ高いのだろうか」ということです。2つ目は、「自分のまわりでサンマが食べられなくて嘆いている人を過去にもあまり聞いたことがないけれど、本当にそうなのか」ということです。

すなわち、「サンマはいつも高い高いと言っている気がするけれど、なんだかんだで食べたい人は食べているのではないか」というのが私の「普通」の感覚であり、その観点から報道に違和感を感じたわけです。

では、実際のところ私の「センス」はどれぐらい正しかったのかについて、簡単に検証してみましょう。私の疑問は報道された2つのファクトに対するものです。1つは「今年のサンマの初競り価格は高い」こと。もう1つは「値段が高過ぎて私たちはサンマを食べられない」ことです。

この2つのファクトがデータとして本当に正しいかについて、それぞれ検証していきましょう。

まず、去年のサンマの価格が実際にどうだったのかについて調べてみました。すると卸価格では、2020年がキロあたり最高値で1万1000円であるのに対し、2019年はキロあたり最高値で2330円となっていたので、去年より今年のサンマは高いということは言えるように思います。

しかし、さらに過去の記事を紐解いていくと、2016年もサンマの価格が高騰し、新聞記者が取材したところ、北海道のデパートでは1尾3万7800円の小売価格で売られていました。結論としては「確かにサンマの初競り価格は高いが、近年はそもそも高い状況が続いているようだ」と言えそうです。

もう1つの「値段が高過ぎて私たちはサンマを食べられない」という点については、どうでしょうか。スーパーの特売チラシ（2020年10月末時点）を見てみると、サンマはだいたい1尾100円～130円程度で売られているようです。この値段だと、一般家庭では買えないことにはならないのではないでしょうか。

ニュースに出ていた価格とスーパーの特売価格が大きく乖離するので、もう少し調べてみましょう。すると、初競りはその年の最初の漁での価格なので、その後の漁獲量によっては価格が落ちてくること、また昨年獲れた冷凍のサンマなども流通することから価格が抑えられてくるようです。

その結果、「初競りのサンマが高いからと言って、食卓に並べられないほどサンマがその後高くなるとは言えない。そして今年も購入可能な水準まで実際に価格は落ちてきている」というファクトを得ることができました。

ここでは日常のニュースを例にとって、**自分の中にある「普通の基準」から「違和感」を感じたことと、実際にその違和感が正しかったかどうか**について検証を行いました。

このように思考プロセスを日常生活において鍛えることで「センス」を磨くことができ、実際のビジネスにおいても役立たせることが可能になります。

6

「センス」とは、どこに問題があるのかを感じ取る能力

「センス」は様々な場面で援用可能

「センス」の特徴として2つ目に取り上げた「異なるジャンルのものを1つの軸で評価できる点」について考えていきましょう。これはビジネスで言えば、**会社の様々な機能を横断して、どこに問題があるかを感じ取る能力**です。

優秀なCEO（最高経営責任者）やCOO（最高執行責任者）は開発、営業、総務など、一見性格の異なる様々なオペレーションを俯瞰して会社の問題点を感じ取ることができます。「ビジネスセンス」を磨いていくと、同様の能力を身につけることができるようになります。

私自身がこのことを経験したのが、IBMでのコンサルタント時代のことでした。IBM

では「Lean」というコンサルティングサービスを提供していました。Leanコンサルティングの基本的な考え方は、トヨタが編み出した工場の製造工程のムダをなくして効率化する「カイゼン」の手法を、まったく異なる領域の業務、たとえば一般事務やコールセンターなどの定型業務の効率化にも適用できるという方法論です。

よくよく考えれば、工場での製造工程も、一般事務やコールセンターの業務もマニュアル化されたプロセスに従って行う業務であるという観点は同じです。したがって工場のムダをなくすソリューションは援用可能で、コストも削減できるはずというのは論理的にはその通りなのですが、実際にやってみるまでは、この方法論で20~30%以上のコスト削減が行えるとは思ってもみないことでした。また、カイゼン方式を学ぶことで得たコスト削減のポイントが、まったく異なる業務で共通することも大きな驚きでした。

そして、コールセンターのコスト削減プロジェクトに従事したのち、私はLeanの方法論をエネルギーコストの削減に応用するコンサルティングサービスについて日本でのサービスリーダーとなり、ある大学のエネルギー使用量の削減プロジェクトを行うことになりました。

当初、適切な形で空調は運転され、照明もスケジュールに則って点灯・消灯がされるなど、削減の余地はほとんどないだろうと管理部門の方は考えられていました。しかし、Leanのプロジェクトで培った「センス」に従って分析を行ったところ、夜間や休日に想定外の電力消費があることや、平日と休日の点灯・消灯スケジュールが一緒といったムダが生じていることを発見することができました。これも過去のプロジェクトで培った経験があったため、問題点に迅速にたどり着くことができたと言えます。

経験したことがない場面でも、「センス」で道は拓ける

続いて、3点目の「未体験の事柄もセンスを用いて評価可能である点」について考えてみましょう。

最近のビジネス環境は、「ＶＵＣＡ（Volatility〈変動性・不安定さ〉、Uncertainty〈不確実性・不確定さ〉、Complexity〈複雑性〉、Ambiguity〈曖昧性・不明確さ〉という4つのキーワードの頭文字から取った言葉で、現代の経営環境を表したもの）」であると言われます。

何が本当の問題なのかさえ分からない曖昧で不明確なビジネス環境において、新しいビジネスをはじめたり、新しい業務に携わらなくてはいけない状況に、私たちは日々直面しています。また、市場に大きな変化がないときでも、今まで経験したことのない業務に配置されたり、あるいは新しい業種の仕事に転職するといったことは誰しも経験することではないでしょうか。

では、これまで経験したことのない業務に携わるとき、過去に培ったビジネスの経験がまったく活用できないかというと、そうではないはずです。

過去の常識や経験がそっくりそのまま利用できることは、あまりないかもしれません。しかし、過去の常識や経験から磨いた直感や視点をうまくチューニングすることで、新しい状況に対応することは可能なはずです。

なぜなら、どんなに新しいビジネスや職務であっても、基本的にそれらは「人をいかに幸せにするか」という視点で設計されている共通点があります。人の行動パターンや思考、あるいは好悪の感情の根底が変わらない限り、過去に磨いた直感や視点が援用できる部分は必ずあります。

１つ例として挙げたいのが、新型コロナウイルスの感染拡大下における宿泊ニーズの変化と、その変化に対する宿泊事業者の対応です。

これまで旅館やホテルに泊まられる方は、海外も含めた遠方のお客様が中心でした。私は横浜中華街に近いエリアに住んでおり、地域内には様々なホテルが立地していますが、コロナの前には横浜に住みながら横浜エリアのホテルに宿泊するという発想はまったくありませんでした。

しかし、コロナにより移動が制限されるなか、星野リゾートの星野佳路《よしはる》氏は近隣の方々が近隣での非日常を楽しむという「マイクロツーリズム」のコンセプトを掲げて、新しい需要を掘り起こすことに成功しました。2020年9月時点で、星野リゾートは稼働をほぼ前年の水準までに戻しています。これは星野氏のコロナ下における人々の旅行に対する意識、すなわち遠くに行ったりはできないけれど、非日常性や気晴らしの時間は必要である根源的なニーズは変わらないという「センス」から、事業をピボットされた成果であると言えるのではないでしょうか。

同様にAirbnbでも、部屋が狭かったり、自宅に小さなお子さんがいらっしゃって在宅ワークがしづらいといったニーズを見据え、長期宿泊割引を提供して稼働を上げることに成功したり、清掃基準を強化し、一棟丸貸しであることをPRして稼働率維持に成功している物件もあります。

こうした物件の勝因は、やはり人々のコロナ下における根源的な欲望・ニーズをきちんと把握してビジネスをデザインする「センス」があったことによるのではないかと思います。

7 「センス」はビジネスを経験すればするほど磨かれる

ある一定のレベルまでいくには、知識と経験が必要

最後に、「ビジネスを経験すればするほど、センスが磨かれる点」について考えてみましょう。

この点に関しては、多くの方々が直感的に納得されるのではないでしょうか。熟練を要するエンジニアや職人の世界では、経験から得られた知識の量と質が「センス」として現れ、製品やサービスのクオリティに大きな影響を与えるケースが多く見受けられます。

その一方で、「センス」は生まれつき持っているもので、センスのある人は努力しなくても大丈夫だし、センスのない人はどれだけ修業や努力をしても身につけられるものではないという考え方を根強く持っている方もいらっしゃるでしょう。ホリエモンこと堀江貴文氏が、

寿司職人が一人前になるのに「飯炊き3年、握り8年」の修業期間が必要だと言われているのに対して、必要なのはセンスであって、長期間の下積みや修業は必要ないという持論を展開したことが一時期大きく話題になったことを覚えていらっしゃる方も多いと思います。

どこかの分野で「一流のセンス」を身につけた人であれば、その「センス」を応用して短期間で一流になることは可能だと私は考えています。他の分野に応用できるというのが「センス」の特徴でもあるからです。

その一方で、最初に何かしらの分野で「センス」を磨き、一流になるためには一定程度の知識と経験が必要です。この点に関して、フロリダ州立大学心理学部教授のアンダース・エリクソンの調査を紹介します。

エリクソンは、世界トップクラスのバイオリニストになることが確実な生徒（Sランク）、優秀ではあるものの世界で活躍するほどの実力は持っていない生徒（Aランク）、そして教員コースに進んだ生徒という3つのグループの練習時間について調査したところ、18歳になるまでの練習時間の合計に、大きな差があることが分かりました。

まず教員コースに入学した学生は18歳になるまでに平均で３４２０時間の練習を積んでいました。一方、Aランクの学生は５３０１時間、そしてSランクの学生は７４１０時間もの練習を積んでいたのです。この練習量の差が、能力の高さに直結しているという状況は、ダンサー、テニスプレーヤー、数学者、チェスプレーヤーなど様々な分野で共通して見られたと言います。

才能やセンスの塊のように思えるこれらの職業においても、練習量が意味を持つわけですから、ビジネスにおける「センス」が努力の量によって磨かれることも納得いただけるのではないでしょうか。

センスを磨くには「量」と「継続」が大事

「センス」を磨くのに時間がかかる理由の1つに、ある程度の量を経験しないと身につけられない感覚であることが挙げられます。

たとえば、皆さんはワインの「ブショネ」という言葉を聞いたことはあるでしょうか。ブショネとはコルクが原因でワインにかび臭い匂いがつくことを言います。

ブショネの割合は約5％と言われているので、ワイン好きで自分で買ってよく飲んでいる場合、これまで1本や2本はブショネに当たっている可能性が高いのですが、気づいた方はごく少数なのではないでしょうか。なぜならワインも品種や造り手、熟成の度合いで様々な香りがあるので、ある程度の種類と量を飲まないと、軽いブショネを見分けるのは困難だからです。

もう1つ、エリクソンが指摘しているのは、ただ単に努力をしてもダメで、**正しい努力、すなわち目的のある練習を行うことが大事**だということです。具体的には努力の方法として4つの項目を挙げています。

1 目的のある練習には、はっきりと定義された具体的目標がある
2 目的のある練習は、集中して行う
3 目的のある練習には、フィードバックが不可欠
4 目的のある練習には、居心地の良い領域（コンフォートゾーン）から飛び出すことが必要

これら4つの事項を日々のビジネスにおいて満たすためには、ただ漫然と毎日を過ごすのではなく、**常に意識的に物事を見て、新しいことを試してみるという姿勢が大切です。**

かっちりとやり方が定められているルーティン業務であっても、「なぜ、そのようなプロセスがとられているのか」について常に疑う姿勢を持ち続けていると、より深く、かつ本質

的にプロセスをとらえることができ、結果として「センス」を磨くことにつながります。

そして、何よりも大事なのは、**その意識を継続して持ち続け、少しずつ前に進んでいくことです。**常に常識とされていることを疑い、「センス」を磨き続けることで、社会や経済状況の変化が生じたときのリスクを（仮に問題が起きていなかったとしても）より的確に評価したり、あるいはビジネスチャンスを見出したりすることができるようになります。

そして、仮に表面上はビジネスがうまく回っているように見えたとしても、現行のプロセスが非効率なものとなっていないか、あるいは品質を落とす兆候がないかを察知して、迅速なアクションをとることが可能になるのです。

大きな問題が起きたときに問題のありかを探るだけでなく、**うまく物事が進んでいるように見えるときに、問題発生を未然に防ぐことも「センス」が果たす重要な役割の1つなのです。**

8

「センス」はAIが支配する世の中になっても役に立つ

「論理的思考の究極系」とも言えるAIにできること、できないこと

私たちの「センス」は、論理的思考の究極形とも言えるAI（人工知能）にも決して引けを取らない能力を持っています。

近年、AIが人間の仕事を奪うのではないかと話題になっています。その中でも最も有名なのは、2014年にオックスフォード大学のマイケル・A・オズボーン准教授が発表した「雇用の未来――コンピュータ化によって仕事は失われるのか」という論文です。

この論文では、コンピュータによる自動化が進むことにより、20年後の将来には47％の仕事がなくなるという結論が出されています。具体的には、機械の組み立てなどの技術的な仕

事や受付係のような事務的な仕事はなくなる可能性が高く、医療従事者や教師などコミュニケーションが大事とされる職業や、デザイナー、アーティストなどのセンスや感性に関わる仕事はなくならない可能性が高いとされています。

人が人と会い、話をすること自体が価値となる仕事がなくならないのは分かるとして、なぜ人間の感性が大事とされる仕事はなくなる可能性が低いのでしょうか。その理由として考えられるのは、**人の「センス」は、読み切ることができない問いに対してＡＩに匹敵する性能を有している**、ということです。

このことを具体的に説明するために、「人間とＡＩの能力」について私たちの身近にあるゲームを使って説明します。

まずはゲームと言うほどではないかもしれませんが、皆さんも小さい頃に一度はやったことがあるであろう「マルバツ（〇×）ゲーム」を思い出してください。マルバツゲームでは、縦横斜めのいずれかの直線上に〇か×を３つ並べた人が勝ちになります。

では、マルバツゲームの勝ちパターンはあるのでしょうか。少し時間をかければ誰でもそのやり方に気づくと思いますが、じつはマルバツゲームはお互いが最善手を打つ限り、必ず引き分けに終わります。

このように理論上は完全な先読みが可能であり、双方のプレーヤーが最善手を指せば、必ず先手必勝か後手必勝か引き分けかが決まるゲームを「二人零和《ゼロわ》有限確定完全情報ゲーム」と呼びます。

次に少しレベルを上げて、同じ「二人零和有限確定完全情報ゲーム」であるオセロゲームについて考えてみましょう。一般的に販売されているオセロゲームは縦8マス×横8マスのボードですが、(後述しますが、8マス×8マスはAIで分析できないため)まずは6マス×6マスのオセロでの勝負で、私たちが最善手を見つけ出せるかどうかについて考えてみましょう。

6マス×6マスで考えられる局面の総数は、じつに3・6兆通りあると言われています。人間には、その場合分けを全部検討して最善手を打ち続けるのは難しいでしょう。しかしコンピュータであれば、すべての場合分けを分析することが可能であり、コンピュータの分析によると、必ず後手が勝つという結果が出されています。

コンピュータの分析方法は、あらゆる場合分けをしらみつぶしに試すことで最適解を見つけ出すアプローチです。3・6兆通りぐらいであれば、コンピュータの性能で、人間では読み切ることのできない唯一の正解にたどり着くわけです。こうして見てみると、人間はコンピュータやAIに到底勝てず、論理的思考ですべての問題は解けてしまうように思えるのも無理はありません。しかし、現実はここから少し異なった様相を見せるようになります。

さきほどのゲームの例をもう少し掘り下げてみましょう。オセロを6マス×6マスでやる場合、後手必勝となると述べました。では、一般的に売られているサイズでもある8マス×8マスの場合はどうなるのでしょうか。じつはこの場合、コンピュータの計算能力ではすべての場合分けを読み切ることができません。

8マス×8マスでの実質的な打ち手の場合分けは、10の28乗通りと推定されています。縦横2列ずつ増えただけですが、さきほどの3・6兆通りよりもはるかに多くの場合分けとなり、コンピュータの計算能力でも答えを見つけられていないのです。さらに、19路×19路で戦われる囲碁の場合分けは、10の360乗〜400乗通り存在すると言われています。これは、全宇宙に存在する原子の数（10の79乗〜81乗通り）よりもはるかに大きな数字となります。

人間の「センス」は、AIに代替されない価値がある

現在のAIの性能を持ってしても、計算で論理的に解決することが不可能な囲碁の分野で、人間の「センス」は長らくAIを上回る成績を出していました。この状況は2015年にGoogle社傘下のディープマインド社が開発した「アルファ碁」によって覆されますが、AIが人間の「センス」を凌駕するだけのパワーを発揮するためには膨大な計算能力を必要とし

ます。

たとえば、最強の囲碁ソフトとなった「アルファ碁ゼロ」の強さを実現するために必要な計算量を、市販のコンピューターを使って個人が実行しようとすると数百年、小規模の研究室が有する計算力でも数十年かかるほどの計算量なのです。

現在のＡＩは、囲碁・将棋のようにルールが決まっていて、かつそのルールは絶対に変わらないというとても限られた条件下で、膨大な計算力のリソースを活用したとき、ようやく人間を凌駕することができます。

もちろん今後、技術の進化によりコンピュータの計算能力やＡＩの性能自体も上がっていくでしょう。しかし仮にそうだとしても、勝ち負けのルールそのものがどんどん変化していく現実社会において、様々なことを直感的に処理できる人間の「センス」はそう簡単に代替されるものにはなりません。私たちが「センス」を身につけるのは、そうしたＡＩにも代替されない価値あるスキルを身につけるためでもあるのです。

第3章

「センス」を後天的に磨くためのトレーニング

1

センスを磨くうえで大切にしたい「2つの基準点」

センスの基準となる「平準点」と「合格点」

世の中が大きな変革期を迎えているとき、ビジネスの常識や前提は短期間でスピーディーに変わっていきます。まったく新しい状況に置かれて試行錯誤しなくてはならない状態にあっても、「センス」を磨いたビジネスパーソンはその直感に従って社会変化の潮目を読み取り、より最適な解を仮説として提示することで、新しい状況への対応を迅速に行うことができます。

「センス」が直感に基づくものであることから、「センス」から導き出された答えを、論理的思考から導き出された答えと比較して信用できないと考える人もいるでしょう。しかし、AIとの比較を行っても分かるように、「センス」は実際のところ私たちがこれまで積み重ねてきた論理的思考の結晶であり、高度な論理的思考を無意識かつ瞬間的に処理するという、ある種の究極形だと考えられます。

また、「センス」を論理的思考の積み重ねの結果であると考えるならば、正しい思考訓練を積み重ねていけば、「センス」を磨くことは可能なはずです。そこで、本章では「センス」を磨くための考え方やトレーニング方法について紹介していきます。


さきほど、「センス」とは「世の中やビジネスに関するものさしを持って、認識の解像度を高めることである」と定義しました。また、水野学氏が指摘されているように、センスのいい／悪いを測ることができる唯一の道具となるのは、「いいもの」と「悪いもの」の両方を知ったうえで、「一番真ん中」すなわち「普通」という基準を持つことになります。

そうすると、自分の中に「普通の基準」を作ることができれば、「センス」を磨くことができるのではないかと思うわけですが、ここで意識しておかなくてはならないことがあります。

それは「普通」という基準点は、じつは1つではなく2つ存在することです。

まず「普通」の基準点として一般的にイメージされるのが、**世の中の平均を指し示すポイント**です。本書では、この基準点を**「平準点」**と呼びます。

しかし、「普通」の考え方はもう1つあります。それは、**その分野の専門家やマニアが認め**

る水準点です。この基準点を本書では**「合格点」**と呼びます。私たちが世の中の普通を理解して、ビジネスで活用するためには、この2つの普通に関する「基準点」を持っておく必要があります。

なぜ、2つの基準点を考慮しなくてはならないのでしょうか。その理由は、製品やサービスに対する、興味がない人にとっての「普通」と、興味を持っている人やマニアにとっての「普通」の基準が時に大きく乖離しているからです。

「平準点」は世の中一般の傾向を理解するうえで大事なものですが、しかしそれでは高い要求水準を持っている専門家やマニアを満足させることはできない場合がほとんどです。だからこそ、ビジネスで商品やサービスを考える際に、**2つの基準点を明確に区別して混同せず、そのうえで自分たちはどこを目指すのか、誰を満足させたいのかという視点で、物事を見ていくことが大切なのです。**

「普通」の基準によって、訴求する対象も変わる

2つの基準点についてもう少し理解を深めるために、ファッションを例にとって考えてみましょう。一般人の中でもファッションに興味のある人と、興味のない人では「普通」と考

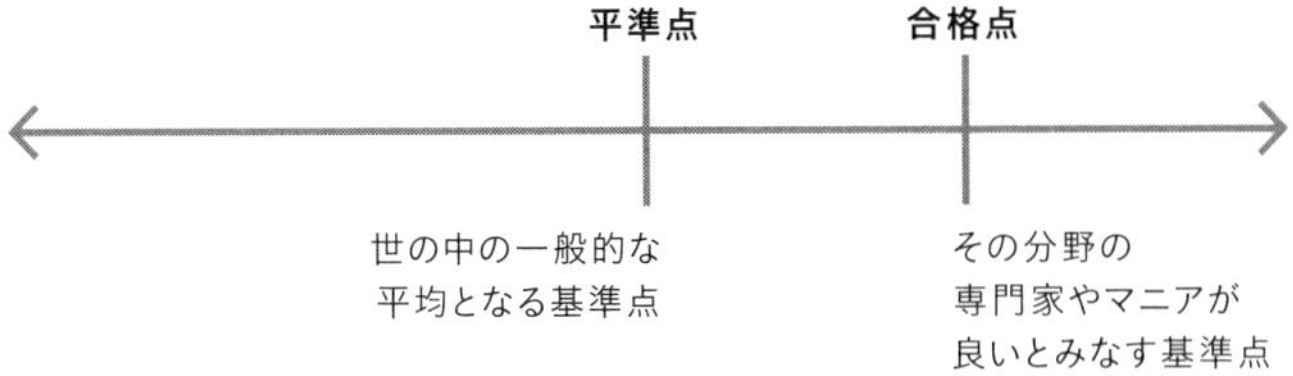

える基準点が異なります。

たとえば、仕事で着るスーツに関心がない人にとっては、1着2万〜3万円の2プライススーツ（1万9000円と2万8000円など、2つの設定価格から選べるスーツ店の商品ライン）、少し年齢が上がってくると5万円前後のセレクトショップのスーツが「普通」の基準点となってくるのではないでしょうか。しかし、スーツにこだわりを持っている人であれば、10万円以上のオーダースーツや有名ブランドのスーツが「普通」の基準点となることを考えると、そこには価格とクオリティに対する考え方における大きなギャップがあります。

2プライススーツの場合、丈夫さや手入れのしやすさが、ある程度確保されているのであれば、生地やデザイン、着心地については妥協しなくてはならないケースも多いかもしれません。一方、10万円以上のオーダースーツの場合、生地や縫製、着心地に対する要求水準は当然ながら高くなります。

「平準点でいい」という人と、「合格点」を求めるマニアの人のどちらをターゲットとするかはビジネス戦略上、どちらもあるとは思いますが、この2つを混同して考えると、適切な戦略を描くことはできません。

一番理想なのは、品質を「合格点」レベルまで高めながら、価格や手に入れやすさは「平準点」のものとさほど変わらない製品やサービスを作り上げることでしょう。

ユニクロは、まさにその典型例と言えます。ベーシックなアイテムを同価格帯よりもワンランク、ツーランク上の素材を使って提供し、さらにはトップデザイナーにデザインを依頼することで、ただ単に最新の流行を低価格で提供する「ファストファッション」とは一線を画しています。

2
世の中の方向性・トレンドの「基準点」への影響を知る
～「センス」を磨くための3つのトレーニング①～

「違和感」を感じ取るときにガイドとなる4つの要素

ここからは「平準点」と「合格点」の2つの基準点の考え方をベースに、ビジネスセンスを磨くための具体的な3つのトレーニング手法について紹介していきます。

まずは、世の中の平均となる「平準点」をどのように身につけ、どのように活用していくかについて考えていきましょう。世の中一般の普通を指し示す「平準点」は、私たちがセンスを働かせるうえで基準となるポイントです。

1000円のサンマが高いと感じるのは、私たちの中にサンマの値段に関する相場感、すなわち「平準点」があるからです。サンマの値段は1尾100円くらいが妥当と思っている人が大勢だとすると、100円という金額がここで言う「平準点」に当たります。

「センス」を発揮するというのは、「平準点」を自分の中に確立し、目の前の状況と自分の「平準点」を対比させたとき、何かバランスが崩れているのではないかという違和感をビジネスシーンで感じ取れるようになることです。この対比は本来、瞬間的に行われるものですが、視点の漏れがないかどうかをのちほど論理的に検証する際には、次の4つのポイントに従うと良いでしょう。

1 重心――物事の大小、重要度、中心に関する一般的な感覚と乖離があり、フォーカスがブレる

2 因果関係――因果関係・ロジックに関する一般的な感覚と乖離があり、整合性がない

3 規則性――規則性、反復性が乱れ、一般的な感覚から見て美しくない、あるいは滞っている

4 TPO――部分的には最適でも、全体最適の感覚から見て場所・時間・状況にそぐわない

業績が悪化して会社全体の構造改革を行わなければならないのに、営業努力でなんとかしようとするのは「重心」のバランスが崩れている状態にあります。品質の低下が売上低下の原因だと分かっているのに、マーケティング活動の拡大で売上を伸ばそうとするのは「因果

関係」のバランスが崩れています。また工場でのオペレーションにバラつきが生じている場合は、「規則性」のバランスが崩れていることが考えられます。そして季節性の強い商品を売るために、季節外にキャンペーンを行うのは、「TPO」のバランスが崩れています。

世の中の流れによって、「平準点」は変化する

なお「平準点」に関して、とくに注意しなければならないことが1点あります。それは、**世の中の方向性やトレンドによって「平準点」も常に変化していくものであること**です。

近年のデフレやデジタル化に伴い、多くの商品が以前より安価に手に入るようになっています。その結果、特定のジャンルの商品は消費者にとっての価格とクオリティのバランスが昔と変化しており、消費者の消費行動、さらには購買スタイルも変化している場合があります。

例として、ファッションやインテリアの分野について考えてみましょう。ファッションについては、従来、良い素材を使った高品質でデザインも良いものは高価格でしか手に入らないことが一般的でした。しかし、先述したようにユニクロなどのSPA（商品の企画から生産、販売までの機能を垂直統合したビジネスモデルを持つ「製造小売業」）が出てきたことで、高い品質の

ウールセーターやパリコレなどにも参加している一流デザイナーがデザインしたシャツが、一般人の普通の感覚と乖離しない値段で手に入るようになりました。

家具についても、数十年前には結婚時の嫁入り道具として持ってこられるような一生ものが好まれ、重厚で堅牢かつ高価なものが主流でした。しかし、ニトリやＩＫＥＡなどの登場により、家具が耐久財から消費財に近くなると、耐久性よりも価格面が重視され、ライフステージの変化に応じて使い捨て、買い替えされるものとしての意識が高まっています。

一方、こうしたトレンドも未来永劫続くものではなく、将来の変化を見据えたビジネスプランの立案が重要になってきます。近年、消費財はＳＤＧｓや環境に対する意識の高まりの影響を大きく受けています。とくに欧米などでは、いかにサステナブルな材料で衣服を作るかがポイントになっていて、消費者の選択にも影響を与えつつあります。

また、シェアリングエコノミーの進展により、ユーズドやヴィンテージの市場が広がるとともに、Airbnbのように住宅を宿泊施設として貸し出すといったことも徐々に市民権を得るようになってきています。

こうした世の中の大きな流れにより、使い捨てを前提としたファッション・家具の傾向がもう一度、耐久性や再利用の重視へと「平準点」が変化する、その可能性とそのタイミングを予測することが必要になります。

ＳＤＧｓなどは中長期的なトレンドとして予測を織り込みやすい変化ですが、社会の一時的な流行など、短期的に「平準点」が大きく変動する織り込みづらい変化もあることを意識しておくことも大切です。たとえば、リーマンショックや東日本大震災、コロナショックといった自然災害や想定外の経済危機は、暮らしや働き方に大きなインパクトを与えます。こうした物理的インパクトが生じることが誰の目にも明らかな事象でなくても、最近は日々の流行や話題がＳＮＳなどで広がった結果、世の中の消費行動に想定外の影響を与えるケースも数多くあります。

短期的に私たちの生活や価値観、ひいてはビジネスに影響を与える可能性を見逃さないトレーニングとして効果的なのが、ツイッターのトレンドランキングをウォッチすることです。私の場合、毎日1、2回はトレンドランキングをボーッと眺めるようにしています。ランキングに入ってくるようなツイートのほとんどはそのとき話題になっているニュースやイベント、テレビ番組等に関するものですが、それらの事象に対して人々がどのように反応しているかを見ることで、世の中の大きな「空気感」をとらえることができます。そして、**その「空気感」がどのように実際の社会やビジネスに影響を与えているのかについて考える習慣をつけると、世の中を複層的にとらえられるようになります。**

3

自分の中での「普通を超える良いもの」の基準点を作る

～「センス」を磨くための3つのトレーニング②～

「一流」を知ることで「合格点」の基準が作られる

「センス」を身につけるためのトレーニングとして次に挙げるのが、「良いもの＝合格点」の基準点を作ることです。

「平準点」に対する感覚は、比較的身につけやすいでしょう。なぜなら自分が興味を持っていない事柄に対して、自分が感じることがそのまま「平準点」となる可能性が高いからです。しかし、「合格点」に関する感覚を身につけるのにはそれなりの努力と投資が必要です。

「合格点」の基準点を作るうえで一番有効な方法は、自分が興味を持っている趣味の分野や日常的に使っているものについて、最もクオリティが高いと世の中で思われている、あるいは自分が思う道具を何か1つ買ってみるというものです。

椅子、ペン、靴、時計、調理道具、コーヒーメーカーなどの普段の生活で使っている道具、または自分が興味のある分野の製品であれば、なんでも構いません。そして、その分野で使う道具について情報を集め、自分が出せる金額の範囲内で一流品、もし予算が許せば超一流品と感じるものを購入して使ってみましょう（なお道具であっても、ブランド品としての希少性や使用素材でプレミアム価格がついているものは、道具の価値とは異なるので避けます）。

一般的な道具と、一流あるいは超一流の道具の間には、当然ながら相当の価格差がありま す。たとえばワインを開けるために使うソムリエナイフは、最近は１００円均一のショップで購入することもできます。しかし、ある程度のクオリティを求めて、世界有数の家庭用品ブランドであるツヴィリング製のものを購入すると、５０００～１万円ぐらいの値段になるでしょう。そしてプロのソムリエにも愛用されているシャトー・ラギオールのソムリエナイフになると、値段は3万円以上とさらに跳ね上がっていきます。

安いソムリエナイフと高級なソムリエナイフとでは、単にデザインが異なるだけではありません。実際に良いソムリエナイフを使ってみると、高級なものほど剛性感があり、また持ったときに曲線が手に馴染む感覚があります。そして使えば使うほど、自分の手にフィットして使いやすくなっていきます。

このように一流品は、ユーザーに便益をもたらすためのこだわりや手間がかけられています。そのこだわりや手間の差は時にとても細かく、小さなものかもしれません。しかし「神は細部に宿る」という言葉があるように、そうしたわずかな差が、結果として大きなクオリティの差へとつながっています。

良いソムリエナイフを使ったあとに安価なソムリエナイフを使うと、コルクへのスクリューの刺さり方や持った感触などに大きな差を感じるようになります。この感覚を持てるようになったとき、自分の中に「合格点」に関する基準が作られたと言えます。

逆に良いものを使った経験がないと、それまでに使っていたもの以上のレベルをイメージするのは難しいため、自分が経験した最上のものが「自分の中の良いものの基準＝合格点」となります。

このように**良い経験を積み重ねることで、私たちの「センス」はより精緻なものとなっていきます。**センスが上がるというのは、坂道のように一定の角度でというより、ある日突然、階段状に上がっていくものです。そして、その階段を上がったときに見える風景は、それまでと大きく異なってきます。

ビジネスセンスは「普通」と「良い」のわずかな差を体感することから

日常生活で良いものを使うことで自分の中に「合格点」の基準を作ることと、ビジネセンスを磨くことに何の関係があるのかと思われるかもしれません。しかしコンサルタントが振りかざす経営理論やフレームワークを表面的に理解するよりも、「世の中の良いものがなぜ良いものとして認知され、受け入れられているのか」について深く知ることのほうが、ビジネスのあり方について理解するうえで重要だと私は考えています。

なぜなら**ビジネスの本質は、いかに良い製品・サービスを顧客に届けられるかにかかっているから**です。悪いものと普通のものは、世の中の「平準点」に関する認識があれば見分けることができます。しかし、良いものの良さがどこからくるかの感覚を身につけない限り、ビジネスの成否の別れ目となる問題の本質をとらえることは難しいでしょう。

たとえばシャトー・ラギオールの最上級ソムリエナイフを経験せず、ツヴィリングのソムリエナイフしか経験したことのない状況で、ソムリエナイフという製品について理解したと考えることは危険です。もしソムリエナイフを製造・販売するビジネスをはじめても、うまくいかないでしょう。普通と一流のわずかな、しかし超え難い差を体感しておくことで、自分が行っているビジネスにおける「良いもの」と「(悪いものではなく)普通のもの」を隔てて理解することが可能となってくるのです。

なお自分の中に「合格点」の基準を確立できたとしても、実際のビジネスにおいて常にその「合格点」を上回ることを目指す必要はありません。

もしあなたの製品・サービスにおいて、競合と差別化して強みにしたいと考える部分が「合格点」を下回っているのであれば、「合格点」を超えるためにどうすれば良いかを考える必要があります。しかし、そこが競合との差別化にあまり貢献しない部分であれば、追加のコストや労力をかけて改善するより、「平準点」の維持を心がけることがビジネス判断として正しいケースのほうが多くなるでしょう。

4 「専門分野のエコシステム（俯瞰的な全体像）」を理解する
～「センス」を磨くための3つのトレーニング③～

「エコシステム」によって、商品やサービスに影響を与える全体像が見えてくる

「センス」を磨くためのトレーニング方法として最後に挙げるのが、「自分なりの合格点を確立した分野のビジネスの全体像を把握する」ということです。

スポーツ観戦、DIY、アニメや漫画、eスポーツ、さらにはグルメやお酒などジャンルはなんでも構いませんので、その分野のあらゆる関係性を把握するための努力を重ねてみましょう。

あるビジネスの市場の全体像を、コンサルティングの世界ではよく「エコシステム＝生態系」という言葉で表すことがあります。エコシステムが意味するところは、私たちが住んで

いる現代社会は、様々なものが関係し合い、つながり、それが収益や競争に影響を与えているということです。

もし私たちが平安時代の日本に住んでいたとしたら、ヨーロッパに住んでいる人々と関わり合い、日常的にお互いに影響を与えることは困難だったでしょう。しかし、現代はあらゆる世界がバーチャルあるいはリアルにつながっています。私たちは日本にいながら世界中のさまざまな製品やサービスを手に入れることができ、ＳＮＳなどを通じて世界中に情報を瞬時に発信することができます。

社会の「つながり」を理解することで、製品・サービスがどのようなバランスの中に存在しているか、そして社会や経済、あるいは競合や顧客の行動に変容が生じたとき、製品・サービスがどのような影響を受けるかを総合的に見通すことができるようになります。

「エコシステム」について理解するために、フレームワークの１つである「５フォース分析」を活用して考えてみましょう。「５フォース分析」は、「競争戦略論」で有名なマイケル・ポーターが提唱した業界分析の手法です。業界の競争状態を左右するものには、「売り手の交渉力」「買い手の交渉力」「競合企業間の敵対関係」「新規参入業者の脅威」「代替品の脅威」の５つの要因があるとするものです。

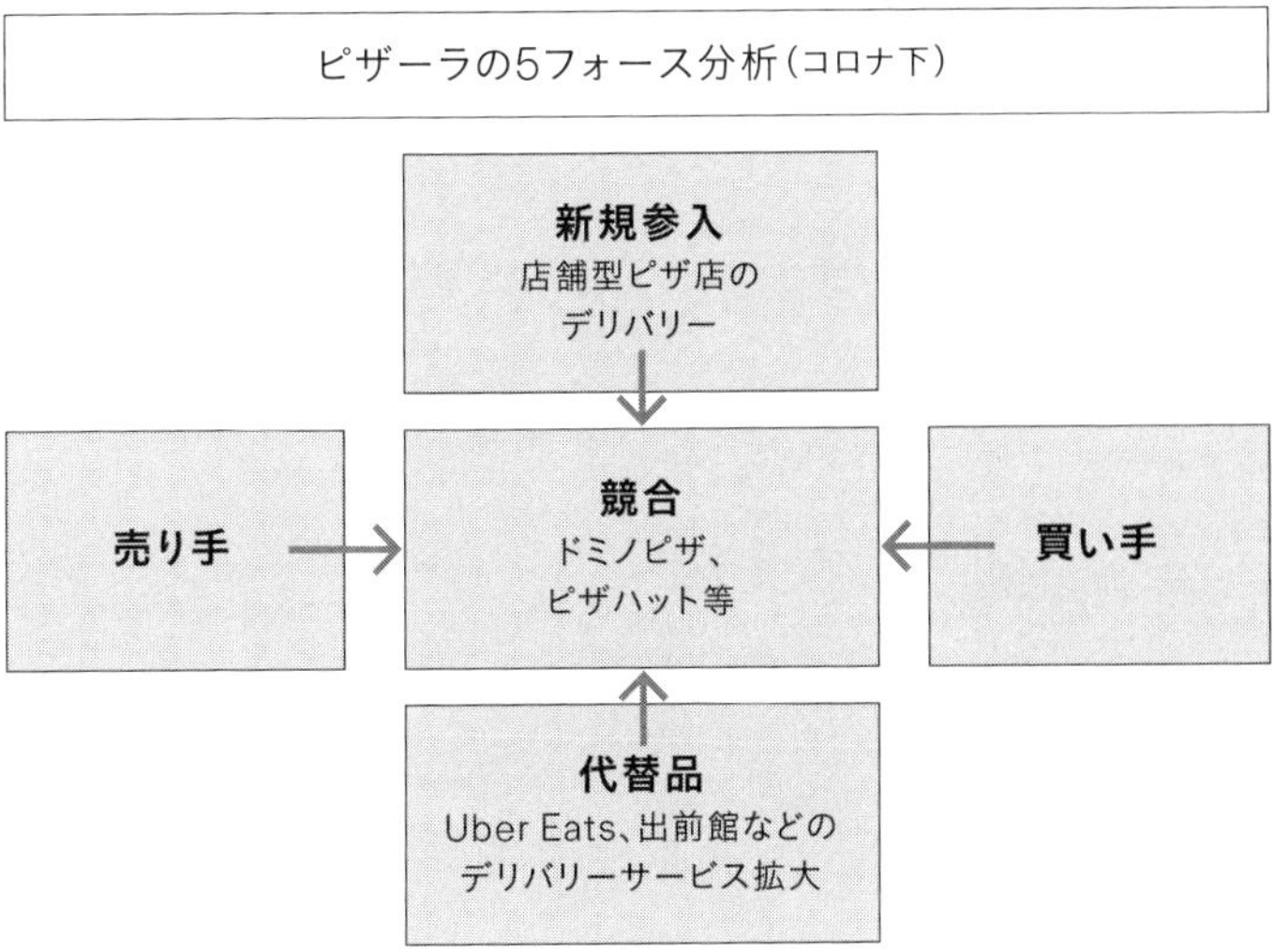

私たちは一般的に、目の前の競合企業ばかりに注目し、競合企業との争いのなかで市場の勝ち負けが決まると考えがちです。しかし、実際には消費者や下請けなど、ビジネスは様々な関係者によって成立しており、ビジネスの競争環境もまたそれらの関係者からの影響を大きく受けることがあります。

例として、新型コロナウイルスの感染拡大による外出自粛要請が、ピザのデリバリーサービスにどのような影響を与えるかについて考えてみましょう。外出ができなくなることで、デリバリーサービスは非常に大きな恩恵を受けるように感じます。実際、２０２０年の宅配ピザ市場の売上は約５％増加する見込みとの報道がなされています。

しかしコロナにより外出を控える傾向がか

なり高まっているにもかかわらず、市場の伸びが5％程度というのはちょっと少ないように感じないでしょうか。

その要因を5フォースで分析していくと、店舗型飲食店がウーバーイーツなどのデリバリーサービスを利用することで代替品が増加しているのではないかという仮説に思い当たります。また、自炊の増加といった「買い手」の変化も考えられるでしょう。コロナにより売上が伸びた商品の上位には、じつは小麦粉などが入っています。家でパンやケーキを作る人が増えたことが原因のようですが、その結果、ピザの宅配需要の一部がとって代わられているかもしれません。

このように社会や経済の状況を評価するときは、自社や競合の視点を超えて総体的に見ないと見誤ってしまうのです（参考までに、前ページにピザーラを自社としたときの、コロナ下における「5フォース分析」の一例を挙げておきました）。

ビジネスの競争環境は「つながり」から考える

製品・サービスによっては、幅広いジャンルとの競争環境を考慮する必要があります。

たとえば高級旅館の競合としてイメージされるのは、リゾートホテルなど同等の宿泊施設です。しかし実際には、宝飾品やミシュランを取ったフレンチレストラン、高級エステなどの奢侈《しゃし》品も代替品として競合の位置に並ぶ可能性があります。人が奢侈品にかけるお金と時間は有限であり、ジャンルは異なれど、挙げた製品・サービスはすべてこのお金・時間を奪いにきているからです。

「5フォース分析」以外にも、「3C分析（Customer／市場・顧客、Competitor／競合、Company／自社の3つのCの頭文字を取った分析手法で、企業を取り巻く環境を明らかにして、今後の経営戦略を導き出すために有効なフレームワーク）」や「バリューチェーン分析（顧客に価値を提供する流れをもとにした分析）」などの王道のフレームワークは、エコシステムのつながりを理解するうえで効果的です。これらのフレームワークを活用して興味の持てる分野でのエコシステムについて習熟しておくことが重要です。

あるビジネスにおいて、どこがどのようにつながっているか、さらにはそのつながりの「平準点」「合格点」がどこにあり、それが世の中の変化によってどのように動くかということを理解しておくことで、自身のビジネスでも応用できる多角的な視点を持つことができるようになるのです。

5

「世の中の基準点＝平準点」を理解した事例

政治家時代に学んだ社会の「平準点」

さらに理解を深めていただくため、私自身がどのような分野で自分なりの「センス」の基準を作っていったのか、その基準をビジネスの現場でどのように活かしてきたのかについて紹介していきます。

私の「センス」の土台となっているのは、政治家時代の経験と趣味であった機械式時計に関する理解です。前者は世の中の「平準点」を身につけるという観点で、後者は「合格点」に関する理解を深めるという観点で役立ちました。

まずは、私の政治家時代の体験から得られた「平準点」とその活用についてです。

先述した通り政治家時代に私が学んだことは、**世の中には既存のバランスがあることです。そして自分がその中で生き残っていくためには、そのバランスがどのようなものかを理解したうえで、そのバランスを崩して自分が含まれる新しいバランスを作らなければならないということでした。**

バランスを崩すためには、崩すことの正当性、すなわちその街に生きている人が持っている課題感、不満感が改善されることを示さなくてはなりません。

私は民主党に所属しながら、旧田中派と呼ばれる方々にお世話になることが多く、元総理大臣の田中角栄氏の言葉に触れる機会が何度もありました。お世話になった方々から田中角栄氏が言っていたこととして繰り返しうかがったのは、「歩いた家の数しか票は出ない。手を握った数しか票は出ない」という言葉でした。

その当時は額面通り、選挙活動では認知度を上げるために、できる限り多くの人と会うべきだという意味で受け取っていました。しかしあらためて振り返ってみると、この言葉の根底にあったのは、人と会うことでその社会の「平準点」がどこにあるのかを理解することだったのではないかと思います。国民の「平準点」を理解しているからこそ、適切な政策を提示することができ、それが結果として人々の支持につながるわけです。

政策の意思決定は、これも先述したように「こちらを立てればあちらが立たない」ケースがほとんどです。すべての人が同様に利益を得るものはないのですが、どこまでであれば反対派が許容できるのかという肌感覚も人々の話を聞くなかで把握することができます。

もう1つ、田中角栄氏の言葉として印象に残っているのが、「世の中は白と黒ばかりではない。敵と味方ばかりでもない。その中間地帯、グレーゾーンが一番広い。真理は常に中間にある」というものです。

実際に政治活動をしていると、根っからの自民党支持派もいれば、野党を支持している方もいますが、それらの方々が占める割合は決して大きくはないことに気づきます。有権者の大半は与党・野党のどちらの支持も積極的に行わない、いわゆる無党派層なのです。

無党派層は、そのときの政局に応じて投票行動を変えます。このことを強く感じたのが、私の二度目の衆議院総選挙です。

2005年に行われたこの選挙は、小泉純一郎首相（当時）が郵政民営化の是非を問うた、いわゆる「郵政解散総選挙」で、無党派層の動向に選挙結果が大きく左右された選挙でもあります。すなわち「郵政民営化賛成＝改革派」と「郵政民営化反対＝守旧派」という構造が提示されることで、民主党をはじめとする野党が大敗するだけでなく、守旧派とみなされた自民党幹部も小泉首相が送った刺客に敗北する結果になりました。

しかし、これらの無党派が自民党支持層になったわけではないことは、4年後に行われた2009年の衆議院総選挙で民主党が大勝し、政権交代を実現したことからも明らかです。

なお、このとき民主党が発表した政策公約集であるマニフェストを見ると、郵政民営化の是非や成果についてはまったく論点とされていません。国民は郵政民営化の成果に失望したから民主党を選んだのではなく、世の中の空気感が民主党に流れていたから、グレーゾーン層が民主党支持に回っただけに過ぎないのです。

「平準点」が時代によって変わる1つの理由は、このグレーゾーンの存在によることが大きいでしょう。そして、このグレーゾーンが今どちらの方向を向いているか、さらにはいかにこちらが望む方向に彼らを振り向かせるかがカギとなってくるのです。

ビジネスの成否も「グレーゾーン」を取り込めるかどうか

私自身のAirbnbでの活動においても、Airbnbというサービスに対して、ポジティブでもネガティブでもないグレーゾーン層にいかにAirbnbを理解してもらい、好きになってもらうかを主眼に活動してきました。

たとえば、2018年の住宅宿泊事業法(民泊新法)施行後には、半年間で約60カ所でセミナーを開催し、のべ３０００人の方々に参加いただいたり、２０１９年のラグビーＷ杯開催時にもイベントホームステイという国の仕組みを活用することで、多くの方々にはじめて民泊を体験する機会を提供してきました。

このように、グレーゾーンにいる人々の意識や価値観をより前向きなものにするための取り組みを行うことで、市場の底上げを図ったのです。

6 「自分の中の良いものの基準点＝合格点」を理解した事例

時計好きが高じて見えてきた「時計ブランドのエコシステム」

次に私の趣味である機械式時計の分野に関する理解が、どのようにビジネスにおける「合格点」の基準となり、また様々な製品・サービスのエコシステムを理解するための基礎となったかについて紹介します。

私は20代の頃から機械式時計にハマっているのですが、機械式時計は全般的にとても高額なものが多く、なかなか購入できるものではありません。その分、購入する時計を厳選するため、時計のブランドの歴史やビジネスの様々なカラクリについて理解を深めていった結果、その経験がコンサルタントとして様々なビジネスの支援を行う際に、思いもよらず大きく役立ったのです。

時計ビジネスは、多くのブランドビジネスと同様、人々の購買意欲を刺激する様々な仕掛けがなされています。

仮にあなたが昇進祝いなど何かの節目に、自分へのご褒美としてロンジンの時計を購入することにしたとします。ところで、ロンジンとはどのようなブランドなのでしょうか。ロンジンのウェブサイトを検索すると、１８３２年に誕生したブランドで、歴代の万博で合計28個の金メダルを獲得したり、国際航空連盟に公式認定されたパイロットウォッチを作るなど、輝かしい歴史を持っていることが述べられています。

ではここで質問です。１８３２年に設立されたロンジン社と現在のロンジン社は同じ企業と言えるのでしょうか？　答えはイエスでもあり、ノーでもあります。

まずロンジン社は、現在、スウォッチグループの傘下にあります。そう、1万～2万円の価格のクォーツ時計を中心に売っているあのスウォッチです。じつはスウォッチグループは10以上の時計ブランドを有する一大コングロマリットです。ブランドの中には、ロンジンの他、スウォッチグループの看板ブランドとなっているオメガ、1本１００万円以上する超高級時計のブレゲ、また女性の方であればジュエリーメーカーとして名前を聞いたことがあるだろうハリーウィンストンの時計部門も傘下に有しています。

なぜ、これらのブランドはスウォッチ社の傘下にあるのでしょうか。スイスの時計メー

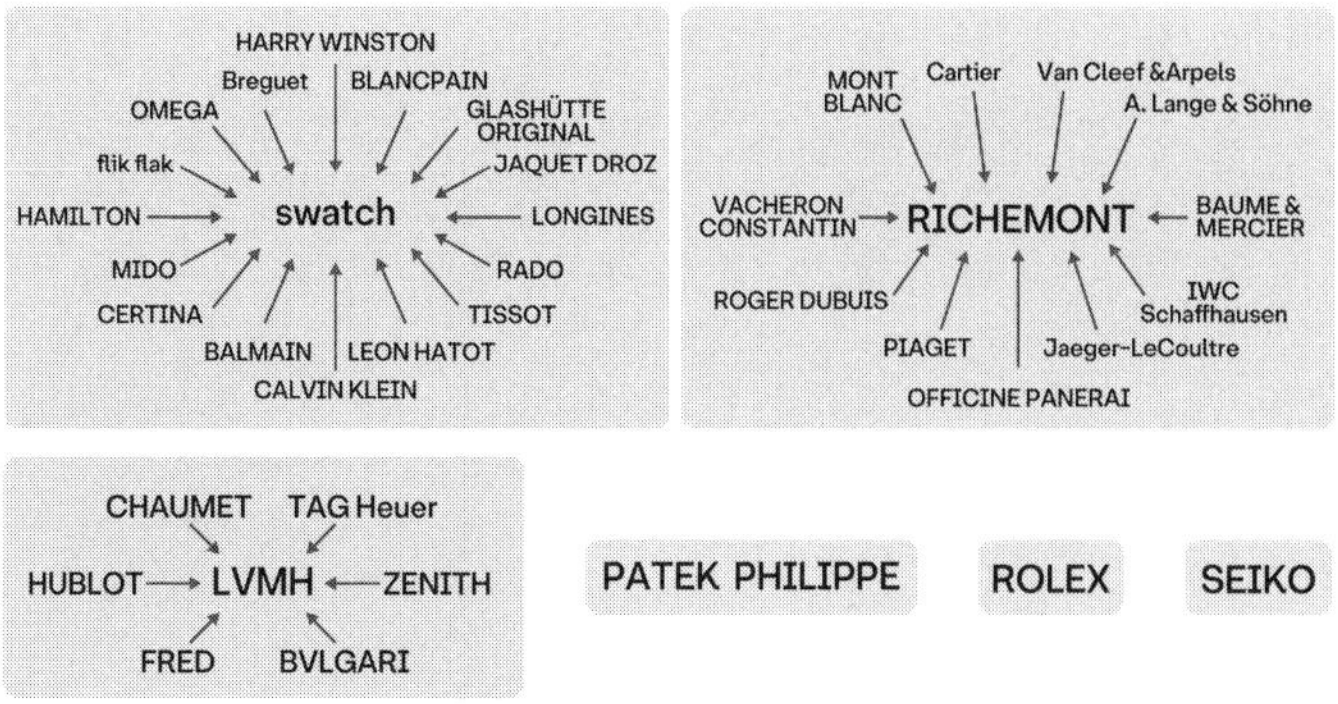

時計業界はブレゲやオメガ等を有するスウォッチ、カルティエやIWC等を有するRichemont、ゼニスやブルガリ等を有するLVMHの3大グループと、これに対抗するパテックフィリップ、ロレックス、セイコー等の独立ブランドに二分される。

カーは1970年代にセイコーが開発したクォーツ時計により大きな打撃を受け（このことは「クォーツショック」と呼ばれています）、グループ化することで生き延びていったという歴史があります。オメガやロンジンはクォーツショックの際に、スウォッチグループに統合されることで生き延びた企業です。コングロマリットは様々な価格帯のブランドをそろえることで、多様な顧客層に合わせて、ブランド名を変えてリーチする一方、製品の原料調達や時計の心臓部であるムーブメント（時計の機械）を共通化することでコストメリットを発揮して、利益を上げています。

一方、クオーツショックを単独で乗り切ったブランドには、現在、世界最高峰の時計ブランドと言われるパテックフィリップやロレックスなどがあります。これらの単一ブランドは、自社一貫生産によるクオリティを誇示することで高い付加価値を感じさせることに成功しています。

ちなみに、時計マニアは自社一貫生産を行っているブランドと、スウォッチのようなコングロマリットブランドを峻別して考えます。したがって、自社で優れたムーブメントを作っていた昔のロンジンと、共通化された汎用ムーブメントを使っている現行のロンジンを時計マニアは同じブランドと見なしません。ここに「平準点」と「合格点」の差があり、この差は市場価格の差にもつながっています。現行のロンジンの価格帯が新品で30万円前後であるのに対し、ロンジンのアンティーク時計には100万円を超えるような値がつくものもあります。これが昔と今のロンジンは異なる会社だと述べる理由です。

時計ビジネスのエコシステムが、化粧品ブランドのコンサルの際に役立った

機械式時計に関する「合格点」の「基準」やエコシステムに関する理解を深めていたことが、コンサルタントになり立ての頃、化粧品メーカーのコンサルティングプロジェクトに関わった際にとても役立ちました。

化粧品ビジネスの構造と時計のコングロマリットビジネスは、じつはとても似通っています。皆さんがよく知っている化粧品ブランドの多くは、資生堂やロレアルなど大手グループが展開している様々なブランドの1つに過ぎず、ターゲットや価格帯を変えて消費者に訴求する構造には共通する部分が多くあります。その結果、化粧品のマーケティングを考える際に、時計業界における企業の相関関係や立ち位置を援用することで、問題点を把握し、適切な施策を導き出すことがとてもやりやすかったのです。

たまたま化粧品業界は似ていただけで、運が良かったと思われる人もいるかもしれません。しかし、じつはこうしたコングロマリットvs単独企業のビジネス構造は、様々な業界で見ることができます。たとえば複数の会社からスマートフォンの供給を受けるAndroid vs iPhone一択のAppleはその典型例です。また、部材の大量供給を行い、画一的ではあるが均質でリーズナブルな住宅を作るハウスメーカーと、デザインの融通が利くが高価格である建築家による設計住宅も同様の構造として分析することが可能になります。

このように**人が介在するビジネスモデルには業界を横断して共通する1つの型があり、私たちは1つの分野に精通することで、そこで得た知見を他分野のビジネスに活用することが可能なのです。**

7

「センス」を自分のビジネスに当てはめてみる

もし、あなたがアパレルメーカーの企画部門で利益を上げるためには？

前項では、時計ビジネスという分野で「合格点」に関する基準を自分の中に作り、エコシステムについて理解を深めたことでコンサルティングに応用した私自身の例について紹介しました。ただし、化粧品メーカーのプロジェクトは実際のプロジェクトのため、細かい内容を紹介できないので、架空の例を使って、培った「センス」を実際のビジネスに当てはめるやり方をもう少し深掘りして説明していきます。

あなたは複数のブランドを有しているアパレルメーカーの企画部門に所属しており、営業利益を上げるための施策を考えなくてはならない立場だったとします。ここで、時計業界で培った「センス」を活用すると、どのような施策が考えられるかについて見てみます。営業利益を向上させるための施策は、コストを削減するか、それとも売上を伸ばすかという大きく2つに分けられるでしょう。

そこで、まずはコスト削減の施策について考えます。時計メーカーで言うと、コングロマリットを形成しているスウォッチグループは、時計の心臓部となる機械のベースを開発してきたETA社を有しており、スウォッチグループ傘下にある多くのブランドに共通のムーブメントを供給しています。そのムーブメントを使うことでコスト削減をしつつ、各ブランドは時計の外装や文字盤のデザインを変えることで差別化しているわけです。

この視点をアパレル業界に援用するならば、各ブランドで洋服を作るために必要な素材や工程の共通化をコスト削減の施策として考えられそうです。たとえば、今年の冬はハリスツイードが人気になりそうだという予測があれば、共同仕入れすることで、仕入れ値を削減できるかもしれません。

一方、売上を伸ばすという視点では、定番商品の寿命を延ばすことが考えられるかもしれません。

日本でも人気のオメガ社の時計で考えてみましょう。オメガには、ブランドの中でいくつかのモデルラインが存在します。そのうち海での使用を想定してデザインされたダイバーズウォッチには、「シーマスター」という名前が付けられています。「シーマスター」が最初に誕生したのは１９４８年ですが、そこから何度もデザインをリニューアルし、限定モデルを発表することで、現在に至るまで人気を博しています。

また、「シーマスター」はダイバーのための時計という素性をベースに、アクティブな活動を行う人向けの時計という位置付けでのマーケティングを行っています。有名なフリーダイバーであるジャック・マイヨールの名を冠した限定モデルや、映画００７の主人公であるジェームズ・ボンドとコラボレーションした時計などを発表してきました。

現在のファッションでは、毎年の流行に合わせて、まったく新しいデザインの新商品を投入していくことが１つの流れです。しかし常に新しいデザインを発表し、新しいトレンドを作っていくのは労力がかかり、またブランドイメージを作るのも大変です。

そこでブランドの顔となる商品を作ったら、毎年のようにデザインをアップデートするのではなく、定番商品として時代のアイコンとなるためのマーケティングを行うことが１つの戦略として考えられます。また、このように思考をめぐらしていくと、ファッションの分野においてもリーバイスのデニムやブルックスブラザーズのボタンダウンシャツ、あるいはバーバリーのトレンチコートのように世代を超えたアイコンとしての商品があることにも思い当たります。

最後に、時計ビジネスの収益モデルを見ると、メンテナンスで大きく儲けていることが分かります。一般的に機械式時計は3～5年でのオーバーホールが推奨されています。メーカーでオーバーホールを実施すると、1回3万円程度から、高いブランドや高機能の時計では10万円以上するのも珍しくありません。そこでファッションブランドでは珍しいかもしれませんが、新品にこだわらず、メンテナンスで儲けるという問題提起もできるのではないでしょうか。

実際、こうした先駆的な動きをはじめているファッションブランドも増えつつあります。高級革靴メーカーであるJMウエストンは、履き古されたユーズドの革靴をメンテナンスして、再販売するといったサービスを開始しています。また、ファッションブランドのAPCも自社のアイコンとなっているデニムを顧客が履き古したあとに買い戻して、ヴィンテージデニムとして再販売したりしています。

こうした施策は、既存のアパレルビジネスだけを見ているとなかなか思いつかない部分もありますが、他の業界から援用して考えることで新しい視野が広がる例と言えます。

以上、少々粗い分析だったかもしれませんが、他分野で培った「センス」を自身のビジネスと対比しながら当てはめることで、問題について考え、そのありかを探り出す勘どころを見出す方法のイメージを持っていただけたのではないでしょうか。

8

「センス」によって問題を未然に察知する

問題を未然に防ぐためにも、問題が起きない状況を作る

「センス」は何か問題が起こったとき、その問題を解決するべく勘どころを探るために活用されるだけでなく、ビジネスがうまくいっているように見えるときに、将来の問題が起きることを未然に防ぐ際にも威力を発揮します。この能力は、とくにマネージャー職に就いている方にとって大事なものとなります。

私は、マネージャーの役割には大きく3つあると考えています。1つ目は、**自分の所管する部門の戦略・戦術を提示して、皆がどちらに向かうべきかを明らかにすること。**2つ目は、**大きな問題が生じたり、部下が困難な状況に陥ったときの最後のよりどころとして問題解決を担うこと。**そして3つ目は、**問題が起きそうな状況を未然に察知して、問題が起きる前に**

状況を改善することです。

1つ目と2つ目は、マネージャーの役割として一般的にイメージされるものです。問題が顕在化してのっぴきならぬ状況になったとき、マネージャーが出てきてスパッと問題を解決すると、ある意味、とても目立ちますし評価もされやすいでしょう。

一方、「問題を未然に防ぐ」というマネージャーの3つ目の役割は、意外に軽視されているのが実状です。しかし本当は問題が起きてから解決するより、問題が起きない状況を作り出すことが最善のマネジメントなのです。

孫子の有名な言葉に、「百戦百勝は善の善なる者に非《あら》ざるなり。戦わずして人の兵を屈するは善の善なる者なり（100回戦って100回勝ったとしても、それは最善の策とは言えない。戦わないで敵を屈服させることこそが最善の策である）」（『孫子』謀功編〈第3〉）というものがありますが、ビジネスにおいても同様です。

もちろん多くのマネージャーは、問題が発生しないように日々のマネジメントを行っているでしょう。そのとき問題が発生しないように管理する際に行いがちなのが、部下のマイクロマネジメントです。マイクロマネジメントとは、業務の進捗状況やオペレーションの細かい部分までマネージャーが細かく口を出す管理を意味します。

たとえば工場で大きな事故があったり、天災で被害を受けるといった緊急事態においては、すべての情報をマネージャーに集め、マネージャーの責任において迅速かつ的確な意思決定を行うマイクロマネジメントが必要になるでしょう。しかし、平時にマイクロマネジメントによる監視型のマネジメントを行うと、社員のやる気や自律性を失わせ、会社としてのレジリエンス（困難な状況に応じて柔軟に対応する能力）を奪うことになります。

そこで大切になってくるのが、社員の自主性を担保しつつ、問題を未然に防ぐことを可能にする必要最小限の管理とレポーティングのプロセスとなります。そして、どのようなときに、どれぐらい深く関わるかを見極める際に大事になってくるのが、ビジネスにおける「センス」なのです。

具体的な例で考えてみましょう。あなたが仮に営業部のマネージャーで、部下とともに営業目標を達成しなくてはならない立場であったとします。そのときあなたのやるべきことは、会議の場で営業成績の未達者を皆の前で叱責することでも、メンバー1人ひとりの日々の活動を逐一報告させることでもありません。

それよりも大事なのはメンバーとビジョンを共有し、メンバーがノルマを予定通り達成しているときはなるべく口を出さず、困ったとき、あるいは困ったことが発生しそうなときに一緒に解決していく姿勢をとることで、メンバーができる限り気軽に相談できる雰囲気を作り出すことです。

問題の発生を未然に防げるかどうかは、各営業メンバーのノルマの達成状況と彼らの報告・相談内容を突き合わせたとき、どれだけ的確に現状を把握できるかにかかっています。その際に力を発揮するのが「センス」なのです。

すなわち、仮に見た目の数字はノルマを上回っていたとしても、自分の中の「平準点」との比較で、今後の業績低下につながる兆候を感じ取るようにするのです。

また、部下もキャリアや性格によって、１つひとつ指示を仰ぎにくる人もいれば、必要最小限の報告しかしてこない人がいるなど千差万別です。そうした部下の言動や性格と、客観的なデータを総合して評価して、違和感を感じたときだけ個別の対策をとることができれば、マイクロマネジメントではない、真にビジネスを進めるための効率的・効果的な管理を行うことが可能になります。

表面的な事象だけでは見えない問題

では、なぜ表面的に現れている数字だけを見て状況を判断してはいけないのでしょうか。

それは初期のガンが小さ過ぎてレントゲンに写らないことがあるように、**ビジネスでは問題**

をはらんでから、それが数字として顕在化するまでにはたいていの場合、時間のギャップがあるからです。

たとえばあなたが旅館を経営していて、お客様の評判が上々で日々の稼働も順調だったとしましょう。しかし最近、掃除の不備でお客様からのクレームが短期間のうちに数件続いたとします。

こうしたクレームが、予約の数字や売上に影響を与えるようになるまでは少し時間がかかるかもしれません。しかしそのようなクレームに感づいたときに、徹底的に問題を洗い出して改善策を講じることで、経営のリスクを最小化できるようになるのです。

こうした観点からも、「センス」を磨くことの重要性についてご理解いただけるのではないでしょうか。

第4章

問題を解決可能な課題に切り分ける「セグメント」

1
「問題」と「課題」の違い

戦略コンサルタントは「問題」と「課題」という言葉を使い分けている

「センス」を磨き、「問題」のありかを特定したあとに大事なのが、**「問題」から適切な「課題」を導き出すこと**です。このように申し上げると、「問題」も「課題」も両方同じものじゃないかと思われる方も多いかもしれません。なぜなら、一般的には「問題」と「課題」という言葉はあまり区別せずに利用されるからです。しかし戦略コンサルタントにおいては、この2つの言葉を切り分けて考えているため、まずはその違いについて説明します。

端的に言うと、**「問題」とは「あるべき姿」を阻害されている状態のことを差し、「課題」とはその阻害要因を解消するために解決すべき具体的なポイントを指します。**私たちが直接的

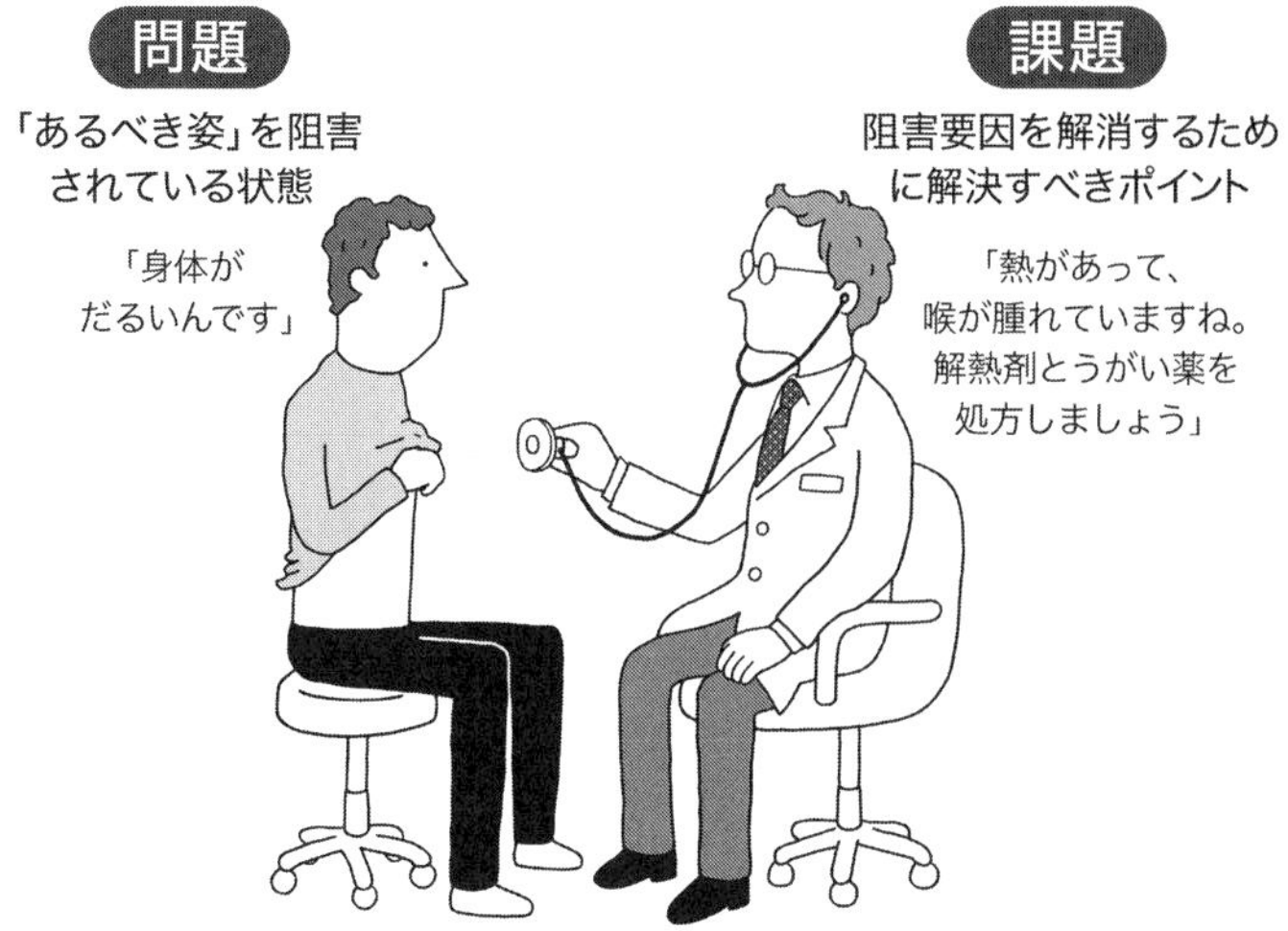
問題
「あるべき姿」を阻害されている状態
「身体がだるいんです」
課題
阻害要因を解消するために解決すべきポイント
「熱があって、喉が腫れていますね。解熱剤とうがい薬を処方しましょう」

に解決できることは「課題」です。「課題」が解消されれば、結果として「問題」は間接的に解決されることになります。

解決策は、「問題」と「課題」の特定から生まれる

「問題」と「課題」の関係について理解を深めるために、医者の診断を例にします。

私たちが病院に行くのは、体調が悪いと感じているからでしょう。しかし熱があり、身体がだるかったとしても、その熱とだるさの理由を素人である私は特定することはできません。それは、ただの風邪かもしれないですし、インフルエンザかもしれません。もしかしたらもっと深刻な病気の前兆なのかもしれ

ません。この、原因が何なのかはよくわからないけれど体調が悪いという状態が「問題」にあたります。

体調が悪いという患者の訴えに対して、医者は触診をしたり喉を見たりして総合的な分析を行い、体調の悪い原因を特定＝診断します。この診断の結果、たとえば「あなたの病気は熱と咳を伴う風邪です」となったとき、体調が悪い状態から、熱や咳といった解決すべきポイントが切り分けられ、「課題」となります。最後に医者は熱を下げ、咳を止めるための薬を処方します。この処方が「施策（解決策）」にあたります。熱や咳といった「課題」が解消されると、体調の悪さという「問題」が解決され、健康な身体を取り戻すことができます。

「問題」はそのままでは、有効な解決策を導き出すことはできません。**「問題」と「課題」の違いを理解し、「問題」を解決可能な「課題（あるいは課題群）」へと切り分けることで、私たちははじめて解決の糸口をつかむことができるのであり、だからこそ「セグメント」の方法論について習熟することが大事なのです。**

続いて、ビジネスの例で考えてみましょう。たとえば、あなたは陶器の製造工場を経営していて、陶器の皿を大量生産しているとします。しかし最近、焼き上がった皿の不良品の割合が高くなっていました。

工場で生産される製品の不良品が多いというのは「問題」となります。ただし、この「問題」をいくら眺めていても、どこを直せば状況が改善するかは分かりません。

そこで医者が患者に問診を行うように、全体の分析を行うことが重要になってきます。具体的には、製造プロセスごとや製品ごとに工場のオペレーションを「切り分け」ていくと、不良品が多い原因がどこにあり、何を直せば不良品を削減できるかが分かっていきます。不良品増加の原因となっているオペレーションが「課題」であり、この「課題」を特定することで、具体的な改善策を見つけることができるようになります。

戦略コンサルタントの仕事は、時に「企業の医者」と呼ばれることがあります。それは企業の担当者から「問題」を聞いて、その「問題」を「課題」に切り分け、「解決策」を提示し、実行を支援するという一連の流れが、先述した医者の診断から治療の流れと似ているからではないでしょうか。

本章で取り上げる「セグメント」は、問題から課題を導き出すための適切な「切り分け方」の手法です。先に取り上げた「5フォース分析」などのフレームワークは、代表的なセグメントを類型化したものですが、必要に応じて問題解決のフレームワークをカスタマイズして作成することでも、「セグメント」の方法論を身につければできるようになります。この「状況に合わせて適切なフレームワークを作る能力」こそ、戦略コンサルタントが持つ最も重要なスキルであり、顧客が価値を見出す源泉となっていると言っても過言ではありません。

2

「分かる」ということは、「分ける」ということ

問題を分けることによって、どこから手をつけていけば良いかも見えてくる

本章では具体的な例を交えながら、皆さんが「セグメント」というツールをうまく活用して、問題を切り分けることができるようになるための方法論について述べていきます。その前提として、なぜ「セグメントする＝分ける」ことが、問題の解決につながるのかについて考えてみましょう。

そもそも、なぜ「問題」は切り分けられる必要があるのでしょうか。その理由を端的に言うと、**問題を「分ける」ことで、何を解決すれば良いかが「分かる」からです。**

ビジネスにおいて何らかの問題に直面したとき、問題が複雑過ぎて、どこから手をつけて

いいか分からなくなった経験が皆さんも一度や二度はあると思います。一方、何らかの視点で問題を切り分けることで、状況が分かりやすく見える化され、改善のためにどこから手をつければいいか明らかになったという経験も同様にあるのではないでしょうか。

具体的な例をもとに、このことを説明していきます。さきほどの陶器の製造工場の例で、不良品率が高くなっている原因を分析しようとしたとします。多くの人が考える方法は、工場での製品の製造プロセスを工程別に分けて、どこに問題があるかを調査していくことではないでしょうか。

仮に陶器の製造の工程が、①陶土《とうど》を作る、②陶土から皿をろくろで作る、③窯《かま》で焼き上げるという3つの工程から成り立っているとしましょう。「問題」が起きているとすれば、この3つの工程のどれかで「課題」が生じているという仮説を立てることができます。

「陶土を作る」工程の分析では、陶土の品質を調べ、土の成分の構成が以前と変わっていないか、含水量が変わっていないかといったことを調べることで改善の糸口を見つけることができます。

また、「陶土から皿をろくろで作る」工程で問題がある場合は、皿の形に成形するときに問題がないか、何かこれまでと違う作業をしていないかを分析します。

そして最後の「窯で焼き上げる」工程では、窯の温度や焼成時間が以前と異なっていない

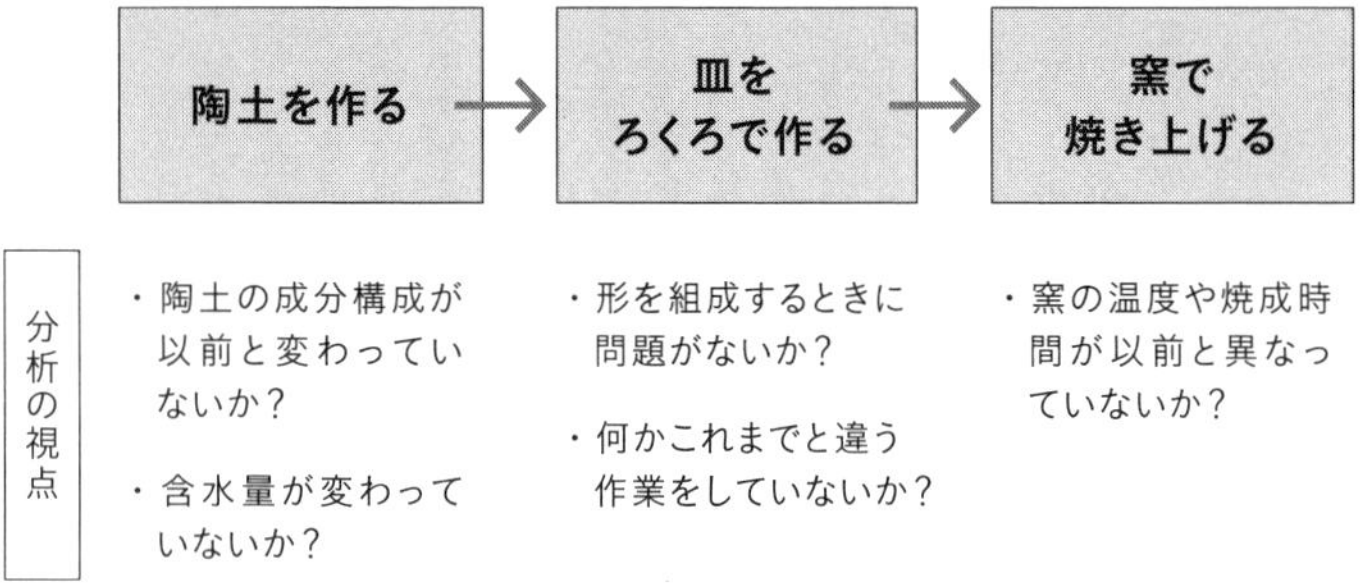
陶土を作る
皿を
ろくろで作る
窯で
焼き上げる
分析の視点
・陶土の成分構成が以前と変わっていないか？
・含水量が変わっていないか？
・形を組成するときに問題がないか？
・何かこれまでと違う作業をしていないか？
・窯の温度や焼成時間が以前と異なっていないか？

かについて検証を行います。このように製品に不良品が多いという事実だけでは見えてこなかったやるべきことが、プロセスを切り分けることで明らかになり、解決の糸口を見出しやすくなるのです。

なお、問題を分析する際、工程別以外にも様々な分け方を考えることができます。複数のタイプの皿を製造しているとき、皿ごとに不良品率を見てみるのも1つの方法です。そして、ある特定の皿だけ不良品率が高いことが分かれば、不良品率が高い皿と他の皿の形状や工程を比較することで、問題を特定できる可能性が高まります。

あるいは複数の工場を利用している場合、工場別に不良品率を調べて、その間に差がないかを調べる方法もあるでしょう。

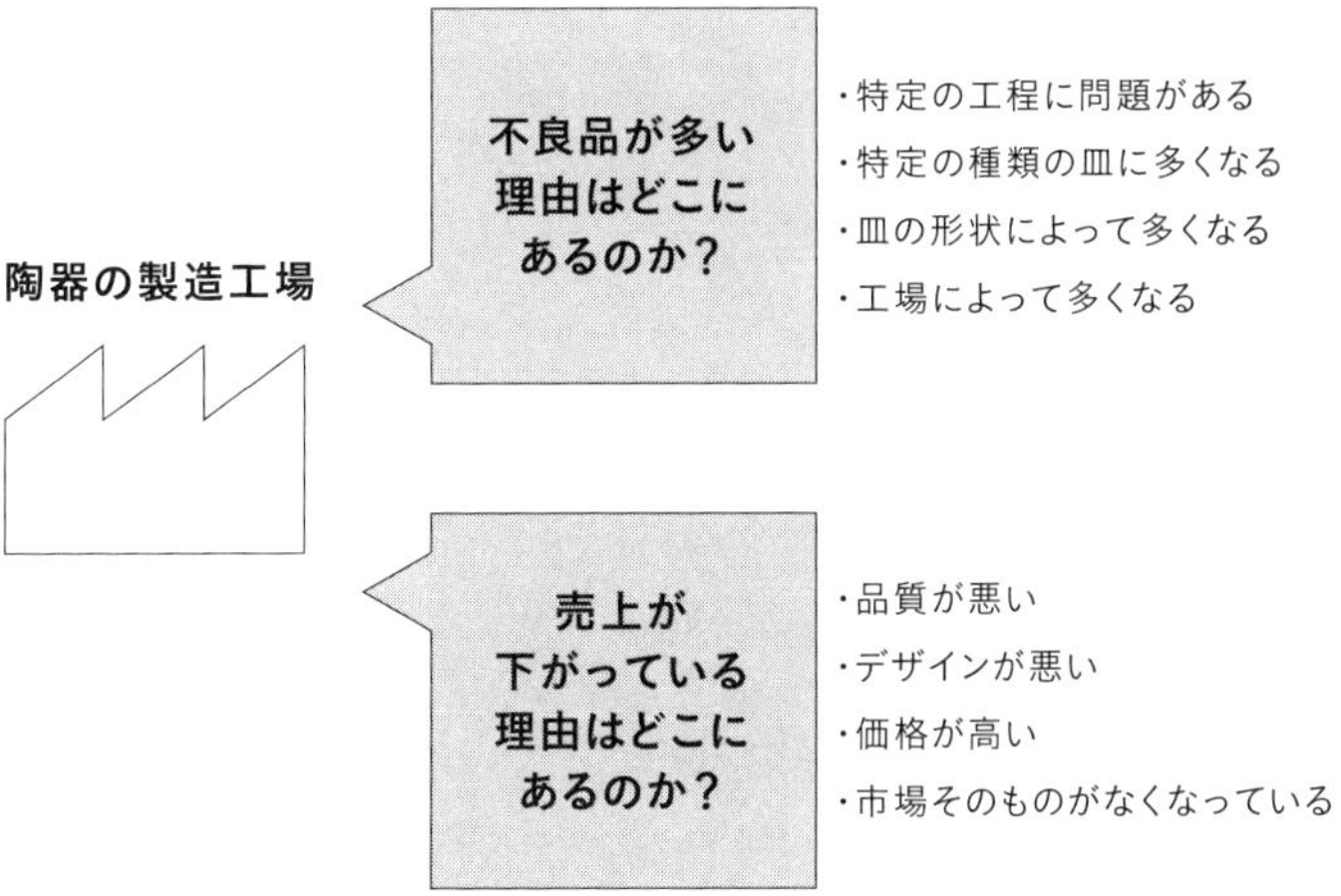
陶器の製造工場
不良品が多い理由はどこにあるのか？
・特定の工程に問題がある
・特定の種類の皿に多くなる
・皿の形状によって多くなる
・工場によって多くなる
売上が下がっている理由はどこにあるのか？
・品質が悪い
・デザインが悪い
・価格が高い
・市場そのものがなくなっている

このように様々な分け方の中から「適切な分け方」を選び出すことも「セグメント」を機能させるための重要なポイントとなります。

最適な切り分け方の選択を可能にするのが「セグメント」

問題の中身によっては、切り分け方のオプションがさらに増えるため、どの切り分け方を選択するかに関する明確なロジックが必要となるケースもあります。

陶器工場の例で、「売上が下がっている」という問題を解決したいとします。この場合は分析の幅を社外にも広げて考える必要があります。

たとえば、他社製品と比較して品質が負け

ている、あるいは消費者が求めているデザインを提供できていないことが課題かもしれません。品質やデザインはいいけれど価格競争で負けているのかもしれません。さらには、市場そのものがなくなっている、すなわち消費者がそのような皿を求めていないケースも考えられます。

このように実際のビジネスにおいて生じる問題は、時に複雑に状況が入り組んでおり、その結果、どのような切り分け方が最適なのかを特定するのが難しいケースも多くあります。

そうしたとき、目の前に現れている「問題」を正しい視点で正しく切り分けることで、本当の「課題」と、その「課題」を解決するためのスキルが大事になってきます。そのスキルの正体こそが「セグメント」なのです。

3 セグメントを公式化したものが「フレームワーク」

「フレームワーク」で漏れなく、ダブりなく問題を切り分ける

前項では、ビジネスの複雑な状況に応じて、「問題」を分析可能な「課題」に切り分けることの難しさについて述べました。この難しさを克服するためにコンサルタントが多用するツールが、セグメントの主なパターンを公式化した「フレームワーク」です。

「フレームワーク」はビジネスでよく利用される代表的な「セグメント」のパターンを形式知として活用するものであり、2つの出自は同じところにあります。したがって「フレームワーク」の構成と成り立ちについて理解することで、「セグメント」に関する考え方の基礎を学ことができます。

「フレームワーク」という言葉を翻訳すると「枠組み」という意味になります。「フレーム

ワーク」は、私たちが問題について考える際の枠組みを決め、そこから外れないように矯正してくれる、いわばコルセットのような役割を果たしてくれるものです。

では、考え方の枠組みが「フレームワーク」として認められるためには、どのような要件を満たさなければいけないのでしょうか。「フレームワーク」には様々なものがありますが、そのすべてが共通して満たしている1つの要件があります。それは「MECEである」ことです。

コンサルティング関連の書籍を読んだことのある方であれば、「MECE」という言葉も馴染みが深いかもしれません。MECEとは「Mutually Exclusive, Collectively Exhaustive」という英語の頭字語を取ったもので、「漏れなく・ダブりなく」ということを意味します。すなわち**「フレームワーク」とは、ある事柄を「漏れなく、ダブりなく」分けることで、「問題」から解決可能な「課題」をあぶり出す仕組み**であると言えるのです。

このように書くと、問題を解決するためには世の中にある様々な「フレームワーク」の中から適切なものをうまく選び出し、当てはめる能力を磨けばいいのだ、という受験勉強のパターン認識的な思考に陥りがちになります。しかし、ここに多くの人が陥る落とし穴があります。

固定概念にとらわれずに問題を分けること

たしかに「フレームワーク」は正しく使うことができれば、課題をすっぱりと明らかにしてくれる、とても便利なものとなるのですが、使い方を間違えるとまったく効果を発揮しません。どういうことかと言うと、ある事象を漏れなくダブりなく切り分けるやり方はじつは無数に考えられることに多くの人が気づいておらず、そのため適切な切り分け方にたどり着けないのです。

このことを1つの例を使って説明します。仮にあなたが小学生の子どもを持つお母さんだったとして、子どもの誕生日パーティーに友だち5人を家に呼ぶことに決めました。あなたは子どもたちのためにバースデーケーキを買ってきましたが、さてこのケーキをどのように分けるのが良いのでしょうか。

まず無意識のうちに皆さんが選択する分け方は、ケーキを誕生日の本人と友だちで均等に6等分する方法ではないでしょうか。たしかにこれは最も一般的かつ無難な分け方ですが、少し思考を巡らすと、他にも分ける方法があることに気づくはずです。

たとえば、誕生日の子が多めのポーションをとって、残りを5人の子どもで分け合うのも

分け方 その1

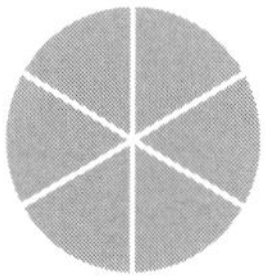

均等に6等分する

分け方 その2

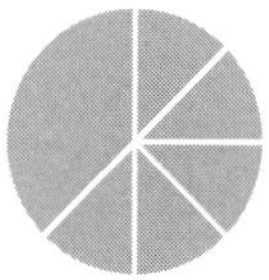

誕生日の子が
多くとって、
そのほかの子で等分

分け方 その3

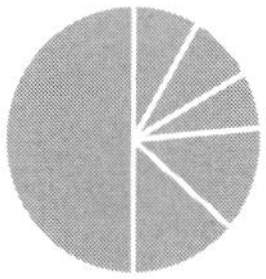

誕生日の子が
多くとって、
そのほかは年齢
に応じて分ける

1つのやり方です。あるいは、集まった近所の子どもの年齢がバラバラな場合、年齢に応じて大きさに差をつけるというのもありうるかもしれません。ゲームをして優勝者から大きいポーションを取っていくというやり方もあるかもしれません。さらに、皆がご飯でお腹いっぱいになってもう食べられないだろうから、ひと口ずつだけ分けて、残りは明日以降、家族で食べるために残すという考え方もあるでしょう。

　私たちがビジネス上の「問題」に直面したとき、今まで知っているやり方、慣れているやり方で切り分けようとしがちです。しかし、1つのケーキを分けるやり方でさえ無数にあるように、視点の設定しだいで無数の切り分け方を考えることができます。そして、どの分け方が最適かは、問題の背景やビジネスの前提によって異なってきます。

　したがって、**大事なのは固定概念にとらわれず、磨いた「センス」に基づき、状況に合った最適な視点を設定し、最も効果的なやり方で「問題」の切り分け方を選択することなのです。**

4 セグメントは「最適な切り分け方」を見つけ、分析の重みづけをする

「最適な切り分け方」は目的によって変わる

解決すべき「課題」をうまく抽出するためには、様々なMECEな切り分け方の中から最適なものを選ぶ必要があります。そのためには、切り分ける視点を正しく設定しなくてはなりません。

では、どのようにして正しい視点を設定すれば良いかについて、さきほどの誕生日ケーキのケースで考えてみましょう。ケーキをどのように分けるかは、お母さんが子どもの誕生日をどのようにお祝いしたいかという視点により異なってきます。

子どもたちが平等に扱われることでケンカをしないようにしたいという視点では、6等分

することが妥当な選択肢になるでしょう。

しかし、自分の子どもの誕生日のためにわざわざ来てくれた友だちに感謝の気持ちを表したいという視点では、自分の子どもには我慢してもらって友だち5人でケーキを分けてもらい、子どもから友だちみんなにケーキを配るのも良いかもしれません。

またケーキが手作りで、ケーキを作るときやデコレーションの際に友だちに手伝ってもらっていて、皆で自分の子どもにケーキをプレゼントしたいという視点では、自分の子どもが大きめのポーションを取ることが望みにかなっているかもしれません。

MECEという原則が守られている以上、切り分け方の選択肢としてどれを選んだとしても間違っているわけではありません。しかし、「誰をどのように幸せにしたいか」という視点を設定して、その視点から問題を眺めると、切り分け方に優劣が生じ、最適な切り分け方が明らかになるのです。

分析は、重みづけをして掘り下げる

もう1つ大事なのは、切り分けたケーキのすべてのポーションを均等に分析するのではなく、**問題がある箇所を重点的に分析するという重みづけを行うこと**です。逆に言えば、**分析**

の重みづけが意味を持つ切り分け方を選ぶことが大事になるのです。

陶器工場の例で、3つのタイプの皿を作っていたとして、仮に3つのうちの1つのタイプだけ著しく不良品が多かったとします。その場合は皿の種類で切り分け、不良品の多い皿にフォーカスして分析を行う視点が正しいでしょう。他の皿の不良品率が低い場合は、わざわざ細かく分析する必要はないのです。

一方、不良品があらゆるタイプの皿で同じぐらいの確率で出ている場合は、皿の種類による切り分け方は不適切でしょう。特定の皿にフォーカスして分析しても、他の皿で不良品が出てくる原因が同じとは限らないからです。

このときは、土作りや焼成といったプロセス単位で「セグメント」を行い、問題が明らかになったプロセスについて重点的に分析を行うのが効果的でしょう。このように状況を綿密に分析したうえで、視点を設定し、重みづけをすることが大切なのです。

不良品の分析のように、分析対象が社内に閉じており、かつ通常のオペレーションが対象となっている場合は、視点を設定することも比較的容易に行えます。

一方、プロセスが社内に閉じていない場合、たとえば陶器工場の売上の低下などが市場環境や顧客、あるいはサプライヤーの動向も関係する問題では、どのように視点を設定していいかとまどうケースも多くあります。

こうした状況において犯しがちな過ちは、「課題」を切り出すため、開発、製造、マーケティングから物流まであらゆる箇所を細かく分析しようとすることです。ビジネスを構成する様々な要素をすべて細かく分析していたら、どれだけ時間があっても足りません。そこで、どこを重点的に分析するかを決める際に大切になってくるのが「センス」なのです。

現状のプロセスにおいてどこに違和感を感じるか、すなわち「平準点」や「合格点」からのバランスを逸脱しているかを「センス」で感じ取ることができれば、分析の範囲を大きく絞り込むことができます。

このように「センス」に基づき、どのように切り分けを行うかという仮説を定め、さらには分析の重みづけを行うことで、やみくもに様々な切り口で分析を行うよりもはるかに効果的、効率的に「課題」を特定することができるのです。

ここでも具体例で考えてみましょう。仮にある製品の売上が低下している原因は、競合との競争が激化して、価格優位性がなくなっていることによるという「センス」が働いたとします。この場合は、市場の競合製品が自社製品よりも低価格の製品を提供しているという仮説を持って、商品ごとに自社と他社の価格を比較する切り分けを行うことが効果的でしょう。

正しい「セグメント」を可能にするためには、自分の中に築いた、世の中の「平準点」あるいは自分なりの「合格点」のセンサーに何が引っかかってきたのかについて、細やかに心を向けることが肝心です。

最初は自分のセンサーがうまく働かず、問題のありかに関するあなたの直感はなかなか当たらないかもしれません。しかし、試行錯誤を繰り返していくうちに、だんだんと精度が上がってくるでしょう。

自分の中に勘どころを見出せるようになると、違和感を感じる箇所をうまく切り出せる「セグメント」の方法を選び出せて、「課題」が隠れている部分を中心に細かく分析を行うことが可能となるのです。

5

「切り分け方」のバリエーションを過不足なく出してみる

～課題抽出のための5つのステップ①～

「問題」を「課題」に切り分けるための5つのステップ

ここからは「問題」から「課題」をセグメントするための5つの具体的なステップについて、説明していきます。「セグメント」の5つのステップは次の通りです。

1 「切り分け方」のバリエーションを過不足なく出してみる
2 「視点＝基準」を定めて、切り分け方を選択する
3 選択した切り分け方に基づいて、「問題」を複数の「課題」に切り分ける
4 「解決できること」と「解決できないこと」を切り分ける
5 「解決できる課題」の中から総合的に状況を勘案して、取り組むべき課題を絞り込み、取

り込む順番を決める

まず、最初に挙げるポイントは「切り分け方」のバリエーションを過不足なく出してみることです。

問題に直面したとき、とりあえず思いついたやり方に従って分析をはじめる人は多いのではないでしょうか。ある程度の経験を積んで「センス」が磨かれている人は、それでも適切な切り分け方を選択し、課題を抽出することができるかもしれません。

しかし、今まで経験したことのない問題に取り組むときや、そのやり方で良かったかどうかをのちほど検証するとき、あるいは自分以外の他人に自分の切り分け方の正しさを説明しなくてはならないときなどは、**「そもそもどのような切り分け方があって」「なぜその切り分け方を選択したのか」について説明ができる必要があります。**

例として、ある製品の製造コストが高いことが問題となり、その理由を見つけたいとします。その際の切り分け方について、ざっと思いつくだけでも次のようなものがあります。

1 作業工程ごとに分けてみる——各作業工程にどれぐらいのコストがかかっているかについて見てみる

2 製造工場ごとに分けてみる――製品が複数の工場で作られている場合、各工場の製造原価を見てみる

3 内製化している部分と外注に出している部分を比較してみる――部品の一部を外注している場合、内製コストと外注コストを比較してみる

4 繁閑期で考える――製品によっては時期によって出荷量が大きく変わるケースもある。たとえばエアコンなどの季節ものの家電はその典型例。こうした場合に、季節によって製造単価に変化があるかを分析するという切り口も考えられる

「セグメント」の手法を漏れなく考えるための6つの視点

このようにコストの分析ひとつとっても、「セグメント」の手法としては様々なものが考えられます。「セグメント」の手法を漏れなく思いつくためには、次の6つの視点を活用するのが有効です。

1 顧客・市場別――顧客の年齢層や市場の地域等でセグメントする

2 製品・サービス別――展開している製品・サービス別にセグメントする

顧客・市場別	顧客の年齢層や市場の地域などでセグメントする
製品・サービス別	展開している製品・サービス別にセグメントする
組織・部門別	組織・部門別にセグメントする
コンピテンシー・スキル別	製品・サービスで求められている技術・スキル別にセグメントする
業務プロセス別	社内・害虫の業務プロセス別にセグメントする
技術・システム別	技術・システム別にセグメントする

3 組織・部門別――組織・部門別にセグメントする

4 コンピテンシー・スキル別――製品・サービスの実行の際に求められる能力・スキル別にセグメントする

5 業務プロセス別――社内・外注の業務プロセス別にセグメントする

6 技術・システム別――技術・システム別にセグメントする

こうした視点を活用しながら、チームのメンバーとブレインストーミングを行い、思いつく限りのセグメントの方法を洗い出すことが最初のステップとなります。

6

「視点＝基準」を定めて、切り分け方を選択する

〜課題抽出のための5つのステップ②〜

問題点をもとに「視点」を定めて、切り分ける

切り分け方のバリエーションを思いつく限り挙げたあと、その中から**「最適な切り分け方を選ぶための視点＝基準」を定めること**が次のステップとなります。

先述したように、どのような切り分け方であったとしても、それがMECEである限り、間違いとは言えない一方、「問題解決」の観点では切り分け方による優劣が生じます。そこで様々な切り分け方の中から、どうやって最適な「セグメント」の方法を選ぶかが重要になってきます。

ここで選択の基準となるのが、「センス」に基づく仮説です。

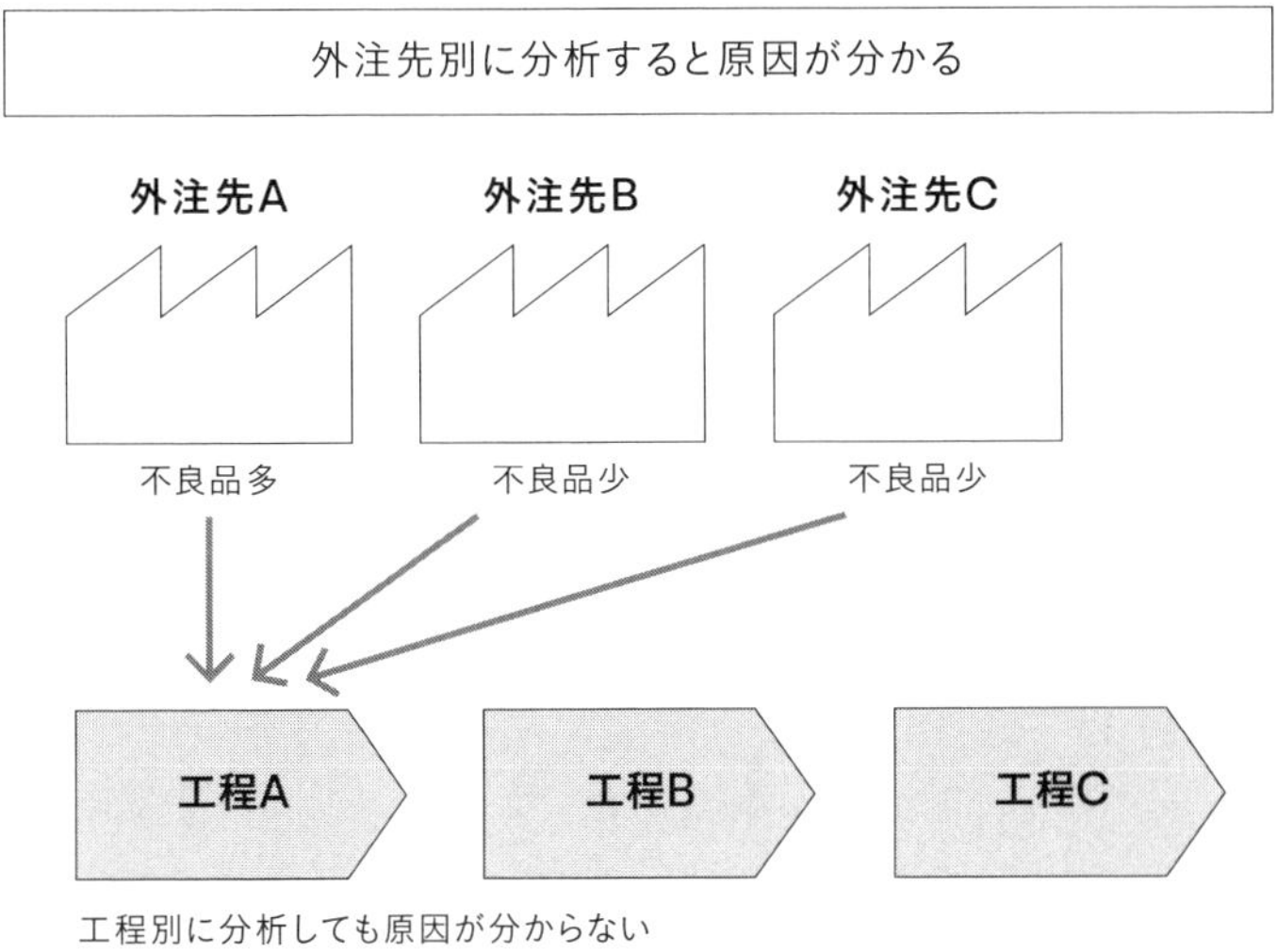

具体例を挙げて考えてみましょう。たとえば、あなたは自分が経営する陶器工場の製造コストが高くなっている問題を解決したいとします。そして、あなたの「センス」から、ある部品のコストが外注先によっては高過ぎるのではないかという仮説を持っていたとします。

このとき、一番適切な「セグメント」の方法は、部品ごとに外注先別の単価を出して比較することになります。一方、製造プロセスごとにコストを出して分析する切り分け方を選択した場合は、外注先別の単価が分からないため、「課題」を抽出することができません。

このように、**仮説によって切り分け方は自ずと決まってくるのです。**

また、サービスの特性を理解することで、

切り分け方が実情に合っているかを検証することも重要になってきます（この点については、次項で詳述していきます）。

化粧品メーカーの直営店で口紅の売上が低下しているケース

たとえば、デパート内の直営店舗における口紅の売上が低下している化粧品メーカーが、その問題を解消したいと考えたとします。

ここで思いつく「セグメント」の切り口の1つとして、口紅の色別に売上を切り分けることで、どの色の売上が低いかを明らかにして、その色を販売中止にするか、別の色に置き換えるかといったことです。しかし実際には、この切り分け方は間違っている可能性が高いのです。

ここでデパートの化粧品売り場で、口紅がどのように売られているかを思い浮かべてみましょう。一般的に口紅は1つのブランドで10色前後、多いものでは20色ほどラインナップをそろえています。しかし、これはすべての色に顧客ニーズがあるとメーカーが考えているから展開しているわけではありません。

口紅の色のラインナップの中で実際に売れ筋になるのは、数色だと言います。にもかかわ

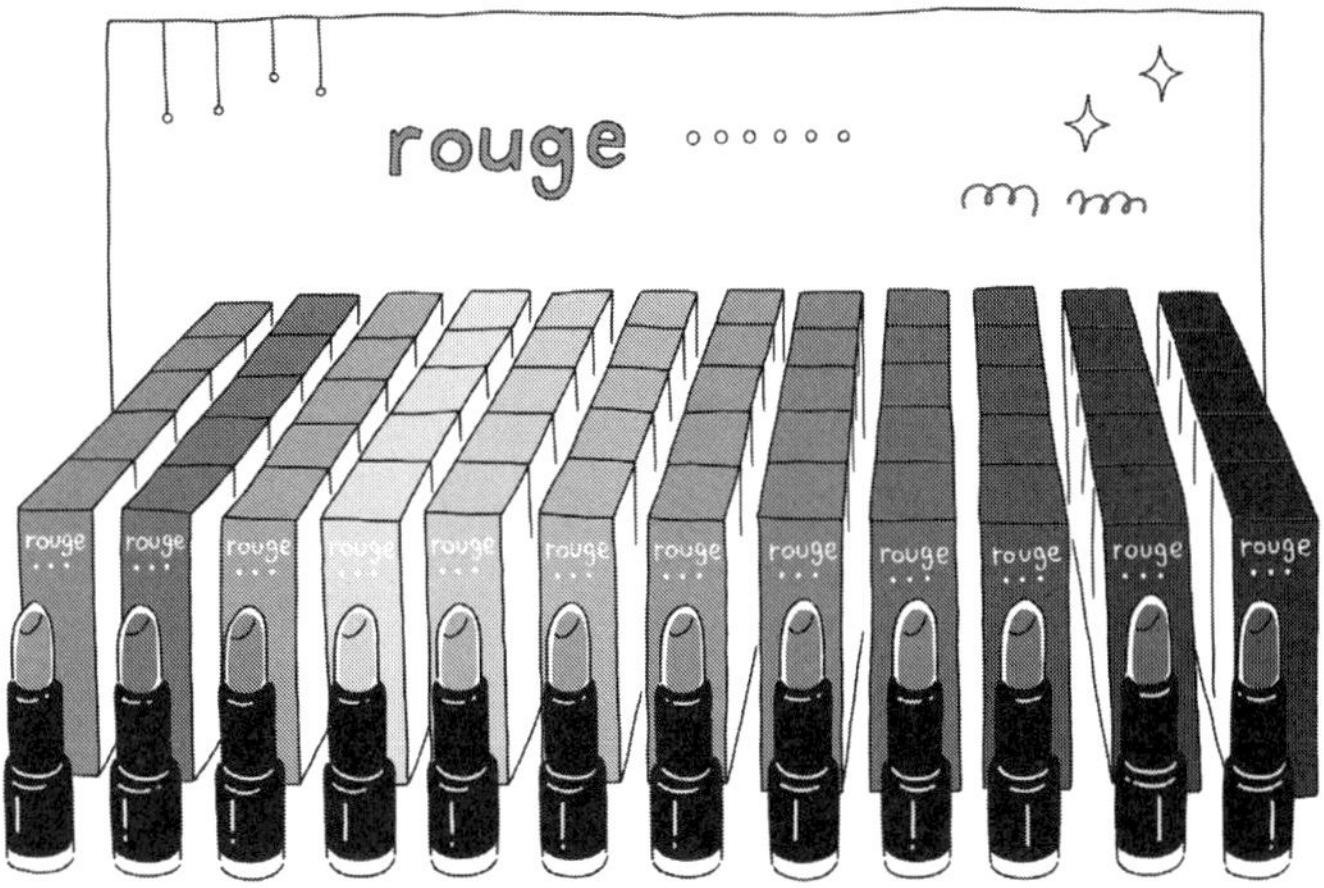

らずメーカーが色のバリエーションをそろえるのは、店頭にディスプレイしたときに、多色のグラデーションができることで顧客の購買意欲をそそるという心理的効果が生まれるからなのです。

このようなマーケティング戦略に基づき、メーカーは店頭を鮮やかにするけれども売れ筋にはならない色については捨て色としてとらえ、そもそもあまり売上を期待していないという状況があります。このことを知らずに、捨て色となっている色の売上が低いという分析を行っても、問題の解決には至らないのです。

一方、こうした商慣習もビジネス環境やビジネスモデルの変化の影響を受けて常に変わっていくため、これまで正しかったことが未来も正しいとは限らないことに注意しておく必要があります。

たとえば、さきほど述べた口紅の店頭マーケティングにおける常識は、インターネットショッピングでは通用しない可能性があります。ネット上では、顧客がすべての色を実際に見て視覚的なインパクトを受ける体験ができないからです。

将来、インターネット販売のウェイトが高くなってきたら、企業も本当に必要な色だけを販売すれば良くなるのかもしれません。あるいは在庫を最小限にして注文を受けてから製造するなどとオペレーションを変えることにより、逆にもっと多くの色数を販売するといった戦略も可能かもしれません。

このように「センス」に基づいて行われた「セグメント」が、その業界の常識や慣習と合っているか、常識や慣習がビジネス環境の変化によって古いものになっていないかをすり合わせることを含め、「どのような形が適切な切り分け方」かをディスカッションすることも大切です。

7 選択した切り分け方に基づいて、「問題」を複数の「課題」に切り分ける
〜課題抽出のための5つのステップ③〜

必要な「課題」を意識して切り分ける

3つ目のステップは、選択した切り分け方に基づいて「問題」を「課題」へと切り分けていく作業です。

ここで大事なポイントは、**MECEに分けるときに、切り分けたポーションごとに「重みづけ」を変えること**です。MECEということは、すべての要素が漏れなく・ダブりなく切り分けられていることになるわけです。ただし、すべての項目を同じ粒度で分けなくてはならないことを意味しているわけではありません。

「センス」に基づき「セグメント」を行うときに目指すべきは、**時間やリソースが限られたなかで、できる限り早く解決すべき「課題」に到達することです。** しかしながら、「セグメン

ト」を行うのは「問題」から「課題」を切り分けることが目的であることを忘れ、「セグメント」を行うこと自体を目的としてしまうときがあります。すなわち、とにかく細かく切り分け、細かく分析することで自己満足して終わってしまうのです。

大切なのは、このような状況に陥ることを避け、**「課題」を抽出するのに十分かつ必要最小限となる切り分け方の良い塩梅を見つけることにあります。**この観点から考えると、切り分けた部分に応じて切り分ける粒度を変えるべきことに気づきます。すなわち、解決可能な「課題」がたくさん眠っているところについては細かい粒度で掘り下げる一方、解決できないと思われる部分については粒度が粗いまま放っておけば良いのです。

さきほども挙げた、陶器工場でのコスト削減を例に考えてみましょう。あなたは陶器の製造コストが高くなっている理由が、特定部品の特定外注先のコスト増によるものであると「センス」に基づく仮説を持っているとします。

そのとき、「セグメント」の方法としては、部品別かつ外注先別の製造原価で切り分ける方法を取るのが妥当でしょう。ただしこの場合、あなたが問題だと考える部品〝のみ〟外注先別の単価を出せば良く、最初からすべての部品について、すべての外注先について単価を出す必要はないのです。

そして、実際にその外注先の単価が高いことが判明したら、高い単価の部分について、たとえば毎月の発注単価にバラツキがないかなど、さらに細かくあらゆる角度で調べてみます。そうすると季節で価格が変動していて、繁忙期には高くなる、あるいはある過去の時点から急に値上がりするなどの「課題」が見つかるかもしれません。

このように、**「問題」があるところにフォーカスしてひたすら掘り下げることで、「課題」をより解像度高く、ピンポイントであぶり出すことができます。**

一方、「問題」の原因とは思われないその他の外注先について、分析せずに放置するのは思い切りがいると考えるかもしれません。しかし、「セグメント」を行うのは分析することが目的ではなくて、**「課題」をあぶり出すことが目的**というのを忘れないようにしてください。問題の原因である「課題」につながらないと考えられるものは、そのまま分析をせずに、どこかのセグメントに放り込んでおくぐらいのイメージでも大丈夫なのです。

陶器工場における製造プロセスが、仮に原料の陶土を仕入れて、陶土を陶芸ができるように水を混ぜてこねて、ろくろで整形して、窯で焼成して、絵つけをするという流れだったとします。そのプロセスを「セグメント」して分析した結果、焼成の段階で不良品が多く発生しており、焼いたら変形したり、割れてしまうものが多いことが分かったとします。

この場合、まずは品質の低さの原因となっている工程、すなわち焼成の工程に課題がないかについて〝のみ〟細かく分析を行うのが王道となります。

しかし分析の結果、焼成の工程でこれといった課題を見つけることができなかった場合、次に行うべきは、焼成よりも前の工程について分析することです。すなわち、ろくろの整形に問題がなかったか、陶土の含水量に問題はなかったか、さらには仕入れた陶土に問題がなかったかなどと工程をさかのぼって分析します。

一方、焼成後のプロセスである絵つけや輸送については分析は後回しで良いでしょう。なぜなら、あるプロセスまでで問題が起きていることが明らかな場合、その後の工程を詳しく分析したとしてもあまり意味はないからです。

「何のために問題を解決するか」という目的は常に忘れないこと

これまで述べてきたように、単に「問題」を切り分けることで満足するのではなく、**「なぜ、その切り分けを行うのか」という意識を持って、大胆な省略を行い、できる限りピンポイントで解決すべき「課題」に到達することが「セグメント」の目的になります。**

「大胆な省略」や「ピンポイント」と言うと、「コンサルタントの資料はあらゆる要素についてきれいに分析した資料を出すじゃないか」と思う方もいるかもしれません。しかし、それは顧客の多くがすべてを分析し切った結果を見ないと納得しないという側面や、コンサルタントが労働時間に応じた対価をもらっていることもあるでしょう。

「課題」を特定することが目的であるならば、「セグメントされたすべての部分を洗いざらいきれいに分析しました」や「これだけ時間をかけました」ということを誇示する必要はありません。分析結果をきれいな資料にまとめ上げることに時間をかけるよりは、「問題」のあるところをとにかく細かく掘り下げて、より取り組みやすい「課題」にまで落とし込むことが大事なのです。

8
「解決できること」と「解決できないこと」を切り分ける
～課題抽出のための5つのステップ④～

解決すべき課題とは「自分たちの力でできること」

「課題」を切り分けたら、次に行うべきは**切り分けた課題の中から、「自分たちの力では解決できない課題」を取り除くこと**です。「問題」を生じさせている「課題」の中には、自力で解決できることもあれば、自分たちの手に負えないものも含まれます。

仮に、あなたが海外製の電動キックボードの輸入・販売事業者だったとして、日本市場における電動キックボードの売上が伸び悩んでいる「問題」を解決したいと考えたとします。

ここでは話を単純化するために、既存のフレームワークである「ＰＥＳＴ」を使って分析します。ちなみに、マクロ環境分析を行う場合によく利用される「ＰＥＳＴ」は「Politics（政治）、Economy（経済）、Society（社会）、Technology（技術）」の4つに分類して、市場環境を分析するためのフレームワークです。

「PEST」による分析の結果、売上が伸びない理由は「Politics」、すなわち「政治や法規制」にあると考えたとします。日本においてはキックボードに乗って公道を走るときにヘルメットを被らなければならないという道路交通法上の法的規制がありますが、これがキックボード普及を妨げていると仮説を立てて課題設定をするわけです。

しかし結論から言うと、この課題の切り分け方はあまり筋が良いものではありません。なぜなら、既存の法制度に最大のバリアがある場合、法改正が予定されていないのであれば、短期間で解決できるものではなく、自社の努力で改善しようがないからです。

したがって、問題を解決するためには「Politics」ではない別の項目で売上改善につながる課題を見つけられないかを探ることが必要になります。たとえば、電動キックボードの価格が高いという「Economics」の課題にフォーカスすれば、月額のサブスクリプションサービスを構築して初期のコスト負担を軽減するなど、自力で実施可能な施策を立案することです。

一方、いろいろと分析をした結果、「Politics」の規制による影響が強過ぎて、その課題を解決しない限り、市場に広がりがないと判断されることもあります。その場合、売上低迷の問題を解決できる可能性は低いため、日本市場からの撤退を考えるというのも1つの現実的な選択肢となるかもしれません。

このように、**ある課題を解決できないことが問題全体の解決に影響を与えるような致命的な課題を「ノックアウトファクター」と呼びます。** 課題を切り分けるなかで「ノックアウトファクター」にぶつかり、自力での解決が難しいと判断した場合は、その問題に正面から取り組むことは諦めて、関連するまわりの問題から解決を図るなどの方針転換が必要になってきます。

「ノックアウトファクター」を判別するには

「ノックアウトファクター」の中には、簡単に判別できるものと、そうではないものがあります。さきほどの電動キックボードの例のように法的な規制が「ノックアウトファクター」となっている場合は、判別はわりと簡単でしょう。一方、容易に解決できそうに見えても、実際はなかなか解決が難しい「課題」もあるので注意が必要です。

解決が難しい典型例として挙げられるのが、社会慣習に関わる「課題」です。例として、最近話題になっている電子契約書サービスについて挙げます。

電子契約書を普及させるためには、今までの書面による契約書のプロセスを変更するという「課題」を導入企業に乗り越えさせなくてはなりません。

一方、電子契約書には書面による契約書と比べて様々なメリットがあるため、企業にとってインセンティブは高いように思われます。承認プロセスもネット上で簡単に見える化でき、クリックひとつで承認できるのでリモート対応も簡単です。また書類は電子的に保存されるので、オフィスの収納スペースもとらず、必要なときにはいつでも簡単に検索して、参照できます。

しかし実際には、電子契約書サービスは従前からいくつかの市場に存在していたものの、コロナによる出社規制で押印のハードルが高くなるまではなかなか普及が進まない状態にありました。コロナ前の社会において電子契約書サービスが広がらない原因を、もし「PEST」で分析したら、導入を妨げる最大の課題は「Social ＝社会的要因」、すなわち皆がハンコを紙に押す社内規定や商慣習にあるという結果になったのではないかと思います。

こうした人の感情や感情に由来するものが一番の課題となっているとき、その解決は時にとてもハードルが高くなり、「ノックアウトファクター」として働く可能性があります。

一方、社会慣習や人々の心理に起因する「ノックアウトファクター」は、世の中の状況が変われば一気に阻害要因とならなくなる場合もあります。皆様もご承知のように、電子契約はコロナによる外出自粛要請に伴い、民間企業のみならず自治体に至るまで急激な普及を見せつつあります。

私たちが「問題」を切り分けるとき、「自分たちの力では解決できないこと」を「課題」として切り出し解決しようとしてはいけません。大切なのは、解決不能な部分はそのままにして、「解決可能と思われる部分」についてどのように取り組むべきかを考えることなのです。

9 「解決できる課題」の中から総合的に状況を勘案して、絞り込み、順番を決める

～課題抽出のための5つのステップ⑤～

「課題」に取り組む順番で、結果も大きく変わる

課題抽出の最後のステップとして挙げるのが、**見つけ出した「課題」にどのような順番で取り組んでいくかを決めること**です。

複数の「課題」に直面したとき、「課題」に取り組む順番について真剣に悩んだことがあるという方はさほど多くはないのではないでしょうか。そしてさほど考えずに一番重要そうで、かつインパクトが大きそうなものから取り組んでみるのが普通の対応ではないかと思います。

しかし実際には、「問題」から切り出された「課題」をどのような順番で取り組んでいくかが、問題を解決できるかどうかの分かれ目となるケースがあります。

たとえば、解決したい問題によっては軽微な課題から取り組んだほうが、問題の解決を早

めることができるケースがあります。あるいはリソースや予算がひっ迫していて、一番重要な課題に取り組むには余力が足りないといった場合も、同じく軽微な課題から取り組むことで状況の改善につながるケースもあります。

軽微な「課題」に取り組むことで重篤な「課題」をも連鎖的に解決していった例として最も有名なのは、ニューヨークの地下鉄における犯罪削減の取り組みです。

ニューヨークの地下鉄は昔から治安が悪く、殺人事件などの凶悪事件もたびたび起こるなど非常に厳しい状況にありました。この「問題」を解決するためにニューヨーク市が行ったのは、次に挙げるような、どちらかというと軽微な部類にあたる犯罪を厳しく取り締まることでした。

○落書き、未成年者の喫煙、無賃乗車、万引き、花火、爆竹、騒音、違法駐車など軽犯罪の徹底的な取り締まり
○ジェイウォーク（歩行者の交通違反）やタクシーの交通違反、飲酒運転の厳罰化
○路上屋台、ポルノショップの締め出し
○ホームレスを路上から排除し、保護施設に強制収容

ニューヨーク市の重犯罪（殺人・強盗・強姦・傷害など）発生数の推移

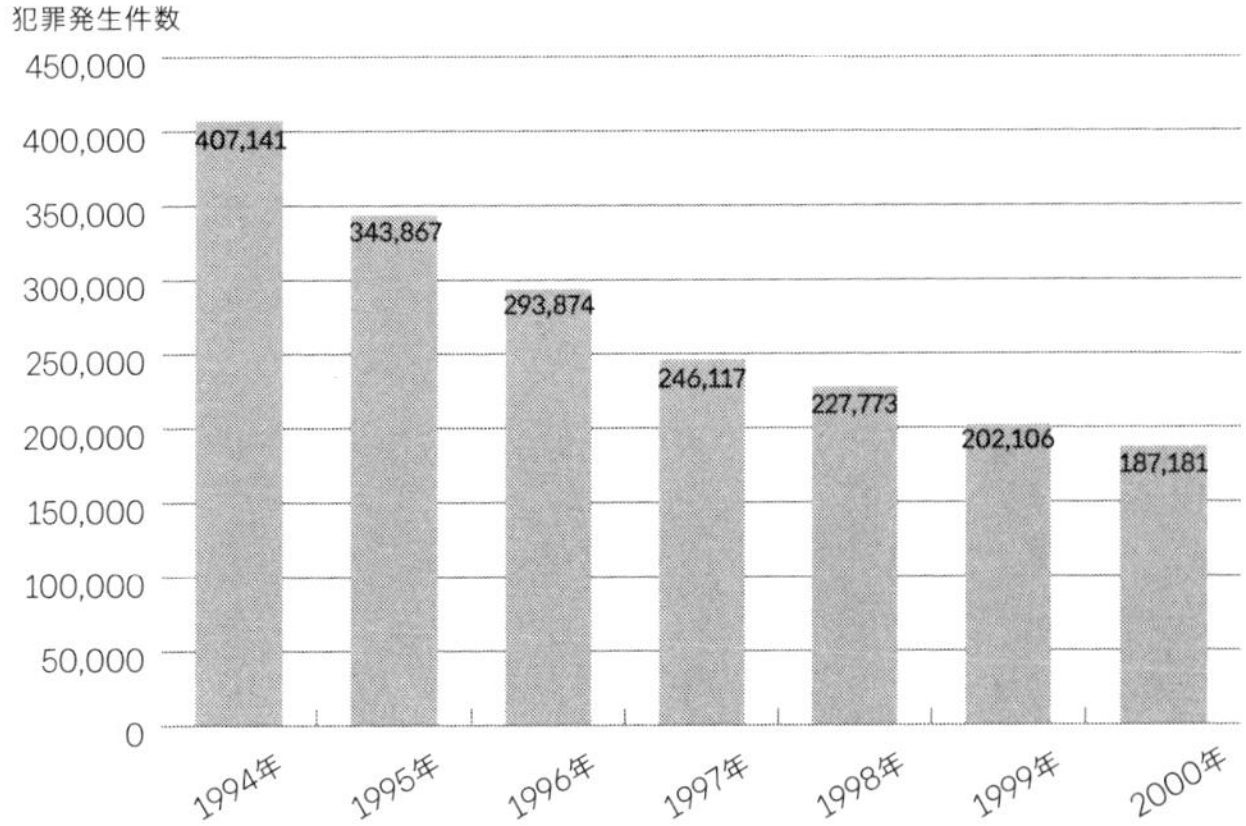

　この取り組みは、アメリカの犯罪学者ジョージ・ケリングが考案した「割れ窓理論」と呼ばれるものに基づき行われたものです。「割れ窓理論」とは、「建物の窓が壊れているのを放置すると、誰もその建物に注意を払っていないという象徴になり、やがて他の窓もまもなくすべて壊される」という環境犯罪学の考え方です。

　小さな課題の放置が大きな課題を誘発することを裏返して考えると、小さな課題に真剣に取り組めば、より大きな課題の防止に影響を与えられるはずです。

　この考えに基づきニューヨークの地下鉄が軽犯罪にフォーカスして徹底的に取り締まりを行った結果、上の表が示すように重犯罪を

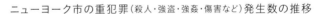

大幅に削減することにも成功しました。落書きも見逃さないという毅然とした姿勢を見せることで、大きな犯罪を抑制できたのです。

複数の「課題」は因果関係でつながっている

ニューヨークの地下鉄の事例は、私たちにもう1つの示唆を与えてくれます。それは、**ある「問題」を切り分けたときに明らかになる様々な「課題」は、それぞれ独立したものではなく、何らかの因果関係でつながっていること**です。

「バタフライエフェクト」という言葉がありますが、これは、ほんの些細な出来事が様々な要因を連鎖的に引き起こして、結果として非常に大きな事象の引き金になるという考え方のことを意味しています。

言葉の由来は、1972年に気象学者エドワード・ローレンツがアメリカ科学振興協会で行った講演の題名である「ブラジルでの蝶の羽ばたきはテキサスでトルネードを引き起こすか」からきています。

このことを援用して考えると、最初に解決する「課題」をうまく選べば、その「課題」を解決すると、他の「課題」も芋づる式に影響を与えて解決できるようになることが多いのです。

こうした観点からも、**「セグメント」したあとに、どの「課題」に取り組んでいくかという最初のボタンを押し間違えないことが、カギとなってくるのです。**

第5章

解決策を腹落ちさせる「ストーリー」

1

解決策を実行するうえで不可欠なのが「ストーリー」

「ストーリー」は目標に向かって人を突き動かす

ここまで「問題」を発見するための「直感（センス）」と、発見した「問題」から解決すべき「課題」を切り分けるための「セグメント」について解説してきました。そして、「問題解決3つのS」の最後に挙げるのが、**「課題」の解決策を実行へとつなげるための「ストーリー」**です。

「ストーリー」の重要性を理解していただくために、まずビジネスにおける成果がどのように測られるかについて考えてみましょう。ビジネスで最終的に大事なのは、個人の成果ではなく、組織としての成果であり、チームがどれだけ自らの有する能力を発揮したかということです。私たち1人ひとりが個人として、ビジネスで達成できることはとても限られています。仮にあなたが会社の社長であってどれだけ優秀な資質を持っていたとしても、社員があなたの考えていることを形にして進めてくれない限り、ビジネスにおいてあなたの実現したいことの1割も円滑に進めることはできないでしょう。

では、どのようにすれば様々な関係者の協力を得て、問題を解決し、ビジネスを進めることができるのでしょうか。考えられる1つは、役職や地位など権威を振りかざして物事を進めるやり方です。会社の指揮命令系統に社員が従うのは当然だ、という意識でビジネスを進めるのがこれに当たります。

しかし、仮に命令に従って社員が動いたとしても、嫌々ながらだった場合、本当に力を発揮してくれるのでしょうか。それよりも社員が業務をやることの意義を理解し、また、そのことが自分のやりがいや成長につながると感じたり、会社のゴールを実現するうえで自分が必要とされていると感じたりするときに、人は全力で取り組むのではないでしょうか。

このことをマサチューセッツ工科大学（MIT）のマクレガーは「X理論」「Y理論」というもので説明しています。

「X理論」は性悪説に立ち、人間は本来仕事が嫌いであり、なるべく仕事をしたくないと思う生き物だと定義します。その結果、目標を達成するためにはマネージャーはメンバーの仕事をしっかりと監視し、時には罰をもって脅すなどが必要であると考えます。

一方、「Y理論」は、「X理論」とは対照的に性善説の立場に立ち、人は自らの目標のために

ダグラス・マクレガーのX理論とY理論

X理論	Y理論
人は働くことが嫌い	人は仕事で体力や知力を使うことを楽しむ
人は命令・統制されないと働かない	人は外的統制なしに目標達成のために自ら動く
人は責任を回避、大望は抱かず、安全志向	人は進んで責任をとり、知力、工夫の才、創造力を持つが、仕事ではその一部しか活用していない

力を発揮し、自己実現欲求を満たすために仕事をすると考えます。したがって「Y理論」のマネジメントスタイルでは、メンバーの欲求や目標と企業の目標をすり合わせることで、皆のやる気を最大限に発揮するマネジメントを目指します。

そして「Y理論」では、人々のモチベーションを刺激し、同じ方向を向かせるための「共感の力」が必要となります。その**共感を生み出すのが「ストーリー」です。**

人の心を動かすのは、そこに「ストーリー」があるから

私たちのまわりには、様々な「ストーリー」に満ちあふれています。物心がついた頃に読んで聞かせてもらった絵本、アニメ、テレビドラマ、小説など、

人生のあらゆるステージで私たちは様々な物語に触れながら生きています。

ビジネスの場面においても「ストーリー」は大きな価値を発揮します。たとえば高級ブランドは、その歴史や製法、こだわりなどに関する独自の物語を消費者に伝えようとします。その他にも、企業や地域コミュニティが構成員を維持していくために「ストーリー」を語る場面も数多く見られます。たとえば、私が勤務していた日本ヒューレット・パッカードでは「HP Way」というものが掲げられ、会社の精神として大事にされていました。こうした明確なビジョンは、多くの有能な人材を会社に呼び込む働きを担っています。

また、**優れた「ストーリー」は目標を達成するうえで、時にロジックよりも高い効果を発揮します。**昔、あるコンサルタントの書籍に書かれていて、とても納得したのが、現状を細かく分析して精緻な戦略を策定するよりも、大きな方向性を決めて、その方向に社員が一致団結してがむしゃらに進むほうが結果として成功する可能性が高いことです。

私たちが物事を進める際に「ストーリー」をうまく活用することで、人々をモチベートし、課題を解決するためのチームとしての勢いを生み出すことができます。その勢いさえあれば、困難も人々の創意工夫で乗り越え、問題を解決することができるのです。

2 「優れたストーリー」にある3つの特徴

「優れたストーリー」は未来を具体的にイメージさせ、行動を変える

ところで、「優れたストーリー」にはどのような特徴があるのでしょうか。最初に挙げるのは、**現在と対比する形で、異なる未来の予感をさせること**です。作家の村上春樹氏は2012年に国際交流基金金賞を受賞されたときのスピーチで、次のように語っています。

「物語の目的とは、今ここにある現実とは離れたところにある現実からものごとを運んできて、それによって、今ここにある現実をよりリアルに、より鮮やかに再現することにあります」

小説における物語と、ビジネスにおけるストーリーはもちろんまったく同一のものではありません。しかし、ビジネスにおける「優れたストーリー」は、ビジネスの現状を超えて新しい未来を具体的にイメージさせる力を持っている点において、小説における物語とつながりを感じることができます。

たとえば、Airbnbのサービスは見知らぬ人が見知らぬ人の家に泊まるという、普通に考えるとハードルの高い行為の価値を「Belong Anywhere（どこでも居場所がある）」という次の「ストーリー」とともに定義することで、そのハードルを超えさせることを可能にしました。

「どこかで繋がっている。それはいつも人の心を根本的にかき立てるもの。人はかつてその繋がりは当然にあるものと思っていました。街は村でした。お互いがお互いを知り、ホームとよべる場所がどこなのか知っていました。

新しいテクノロジーが人々を疎遠にし、信頼を損なわせる今、Airbnbコミュニティはそのテクノロジーで人々を繋げています。繋がりは万人が求めるひとつの切望です。どこにいたってありのままの自分でいながら歓迎されている、リスペクトされている、認められているという切望です。つまり、どこかで繋がっているという感覚です」（blog.atairbnb.com/belong-anywhere-jp/より）

「優れたストーリー」の2つ目の特徴は、**聞いた人の心に残り、その後の行動に影響を与えること**です。

企業が抱える課題を解決するためには、リーダーが課題解決のための施策を積極的に推進するだけではダメで、メンバーが動かない限りは大きな成果を上げることができません。

「ストーリー」を効果的に用いた代表的な例は、やはりスティーブ・ジョブズでしょう。AppleがiPhoneを発表したときのスティーブ・ジョブズの演説は、これまでの携帯電話とは異なる新しい未来の到来を聴衆に予感させることに成功しました。

iPhoneが新しい技術というよりは既存の技術の組み合わせに過ぎないと一部で言われながらも爆発的に広がっていった理由の1つには、ジョブズの語った「ストーリー」の強力さも相当寄与しているはずです。

「クール・ビズ」が流行って、「省エネルック」が流行らなかった理由

「優れたストーリー」の3つ目の特徴は、**アクションに一定程度の融通性があること**です。

この取り組み例として個人的に印象的なのは、2005年から開始された「クール・ビズ」です。「クール・ビズ」は2005年に発効された京都議定書に基づき、2008年から2012年の間で温室効果ガスの排出量を1990年対比で6％削減するという「チーム・マイナス6％」運動の施策の1つとして行われたものです。

冷房の設定温度を28度と高めに設定する代わりに、ノーネクタイ、ノージャケットでの仕事を認めた「クール・ビズ」の取り組みは一気に広がっていきました。この成功要因の1つには、夏の暑いときに楽な格好ができるという後ろめたさに正当性を提供する京都議定書の内容と、政府が取り組みにお墨付きを与えた分かりやすい「ストーリー」があったからではないかと思います。

一方、クール・ビズの約25年前には「省エネルック」という同様の取り組みがありましたが、広がりませんでした。「省エネルック」は1979年の第2次オイルショックの際、当時の大平正芳首相が提唱したもので、夏の暑い時期にジャケットと中のシャツを半袖にしてネクタイは締めたままの格好をするというものでした。

「クール・ビズ」も「省エネルック」も社会的な危機感から政府が推進した施策であるにもかかわらず、なぜ前者は世の中に浸透して、後者は浸透しなかったのでしょうか。

その理由の1つに、「省エネルック」は洋服のスタイルを画一化したのに対し、「クール・

ビズ」はどのような格好になるべきかを強制せず、それぞれの判断に任せたことがあったのではないかと思います。

「クール・ビズ」では、涼しさを実現するためにどのような格好をするべきかという細かい部分を、各企業に任せていました。その結果、「省エネ」という大きなゴールは共有しつつ、それぞれの考え方に基づき、それぞれのペースで取り組みを広げることができたことが普及を後押ししたのではないでしょうか。

「省エネルック」をアピールする
大平正芳首相（当時）

私たち1人ひとりが組織の中で成し得ることはとても限られています。だからこそ、**人々が自主的に判断できる一定の余地を残し、自発的な行動を促すことで、課題に有機的に取り組む仕組みを作ることが大切なのです。**

3 「ストーリーの共感度」を高める

共感をもたらす「ストーリー」は、聞き手の「平準点」を意識している

ここまで「優れたストーリー」の3つの特徴について説明してきました。ここからはインパクトのある「ストーリー」を伝えるための、より具体的なコツについて説明していきたいと思います。

最初に挙げるのは、「ストーリーの共感度を高めるためのコツ」です。「ストーリー」の共感を高めるには、いきなり「課題」を解決するための施策の具体的な中身について語るのではなく、**皆の目線や温度感を合わせること**が大切です。

すなわち、**「ストーリー」の冒頭部分で現状認識に関する簡潔かつ適確な説明と、何を行う**

のかという大きなビジョンを示すこと、そして課題に直面している普通の人々の感情、すなわち「平準点」にどのようにフォーカスしているかについて、誰もが分かるように語ることが大事になってくるのです。

人は自分の感覚と異なることを主張されても、なかなか自分のものとして考えようとはしません。しかし、現状が自分の「平準点」を下回る状況にあることを共感させることができれば、その「平準点」を超え、さらには「合格点」に達するための解決策の提案も素直に受け入れることができます。

また、「ストーリー」を語ることで、今まで皆が気づいていなかった「平準点」の変化を明らかにして、人々の行動を促すことも可能です。とくに社会運動における「ストーリー」には、このような性格を持っているケースが多くあります。たとえばMeTooのような運動は、女性が今までなかなか声を上げられなかったことに対し、声を上げることが正しいんだという機運を作り、「平準点」の変化を明らかにした事例と言えましょう。

では、共感をもたらす「ストーリー」を私たちは、どのように構築していけば良いでしょうか。そのための方法として挙げるのが、**「ストーリー」を語りたい相手の「平準点」をイメージし、そこから課題を3つ前後のキーワードで表現することです。**

優れたビジネススピーチを数多く残しているスティーブ・ジョブズは、プレゼンで掲げる要点の数を、必ず3つに絞ったと言われています。「3つ」という数は記憶に残りやすく、かつ物足りなさを感じさせない点で優れています。ただ実際にビジネスを行っている観点から言うと、いついかなるときも3つに絞るのは難しいので、まずは2〜5つ程度の間でポイントを絞れば良いでしょう。

象徴的な「ワンフレーズ」があると、人々の記憶に残る

課題点を3つ程度に整理したら、次のコツは**「それらのキーワードが意味するところを包括するたった1つの文章=ワンフレーズ」を絞り込むこと**です。この「ワンフレーズ」はあなたが伝えたいことの核心となり、また「ストーリー」が伝播する際の象徴となります。

実際のビジネスリーダーの「ストーリー」において、「ワンフレーズ」がどのように活用されているかについて見てみましょう。まず挙げるのは、松下幸之助のいわゆる「水道哲学」です。「水道哲学」は1932年に行われた松下電器製作所の第1回創業記念式での社主告示において、松下幸之助が語った次の言葉に由来しています。

「産業人の使命は貧乏の克服である。その為には、物資の生産に次ぐ生産を以って、富を増大しなければならない。水道の水は価有《あたい》る物であるが、乞食が公園の水道水を飲んでも誰にも咎められない。それは量が多く、価格が余りにも安いからである。産業人の使命も、水道の水の如く、物資を無尽蔵にたらしめ、無代に等しい価格で提供する事にある。それによって、人生に幸福を齎《もたら》し、この世に極楽楽土を建設する事が出来るのである。松下電器の真使命も亦《また》その点に在る。」（原文ママ。ルビは著者によるもの）

松下幸之助は人々が貧乏であるという「問題」をもたらしている2つの「課題」、すなわち「物資が足りず」かつ「価格が高い」という「課題」を暗示し、それを解決する「ワンフレーズ」として「水道の水の如く、物資を無尽蔵にたらしめ」と語ります。

家電産業はいまだ松下幸之助が目指したように、水道水の如く無料に近い価格で家電製品を提供しているわけではありません。しかし、冷蔵庫や洗濯機、テレビなど、生活で欠かせない家電が家庭に当たり前のように普及している状況を作り出すことは実現しました。その背景には、「水道哲学」に基づく企業努力の成果があるのではないでしょうか。

「ワンフレーズ」の事例としてもう1つ、iPod発表の際のスティーブ・ジョブズのプレゼンテーションをご紹介しましょう。

スティーブ・ジョブズは好きなときに好きな音楽を聴きたいという欲望を満たそうとするとき、現状が「平準点」を満たしていない理由として、「従来の音楽プレイヤーは1曲あたりのコストが高過ぎる」「携帯するには大き過ぎる」、そして「携帯の場合の持続時間が短過ぎる」という3つの課題を定義しています。そのうえで、**「Your entire music in your pocket.(あなたのすべての音楽をあなたのポケットに)」**という強力なフレーズで、音楽業界そのものを変えるストーリーを作り出したのです。 https://www.youtube.com/watch?v=haYw1FsXudE

4

「ワンフレーズ」があると、課題の解決策が一瞬で伝わる

「ワンフレーズ」は平易な言葉で

「ストーリー」に課題を解決する方向性を示す「ワンフレーズ」を組み込む手法は、ビジネスにおけるトップライン、ボトムライン双方の変革において有効に活用することができます。

もしあなたが営業チームにおいて売上増進を目指す場合、自分たちの商品・サービスがどのように顧客の不便さを解消して、より幸せな状態へとつなげるかという「ストーリー」をメンバー、さらには顧客に伝えることが大切な役割となります。

また、プロセス改善やコスト削減を行う場合、課題が解消されることでどれくらいそこに携わっている人々の負担が減るかという「ストーリー」を示すことによって、皆が共通の方向に向かって進んでいく機運を作ることが可能になります。

一方、課題の要点をうまくまとめることができたとしても、強力な「ワンフレーズ」を編み出すことができなければ施策の効果は半減してしまいます。そこで、ここからはどのようにして「ワンワード」を生み出し、人々に伝播させるのかについて考えてみましょう。

「ワンフレーズ」は難しい言葉をこねくり回すよりも、その話を聞いた誰もが、将来の自分の行動や変化を明確にイメージできることが理想的です。なぜなら、どんなに優れた「ワンフレーズ」を見出したとしても、それが自分が思っているような形で伝わらなければ価値を発揮しないからです。

クリエイティブディレクターの佐藤可士和氏が、『ひとつ上のアイディア。』（インプレス）という書籍の中で次のように述べています。

「広告はほとんど見られていない。ぼくはそう思っています。（中略）本当に見ているのは、目の前の仕事のことや、自分の家庭のこと、あるいは趣味のことぐらいでしょう。基本的にはみんな、自分のことにしか興味がない。（中略）ところが広告の多くは、見てくれるという前提でつくられています。」

佐藤氏は、だからこそ広告は見てもらえないという前提で考え、とにかくなんとか伝えようとする努力が必要だと言います。これは「ストーリー」でも同様で、人々の行動を促すためには「ワンフレーズ」はなるべく平易な言葉で語られなくてはなりません。

自省の念も込めると、コンサルタントあがりの人間はとかく横文字を並べてみたり、世の中に喧伝されているバズワード（最近ではDX、機械学習、ブロックチェーンなどがそういった言葉に当たるでしょうか）を並べたりすることで、なんとなく説明した気になることがあります。

一方、さきほど例に挙げた「水道哲学」やiPodは平易な言葉を使って「ワンフレーズ」を作っており、自分がどのような状態になるのかということを具体的にイメージできる点でとても優れていると言えます。

「ワンフレーズ」は過去の成功例と紐づけてイメージを喚起させる

2つ目の手法として挙げるのが、もし過去に成功例があるのであれば、**過去の成功例と紐づけた抽象的な表現で人々にイメージさせる手法**です。スティーブ・ジョブズのiPhoneの発表はこの典型例です。ジョブズはiPhoneの発表時に次のようなプレゼンテーションを行っています。

「1984年に私たちはマッキントッシュコンピュータを発表した。この発表はApple社を変えただけでなく、コンピュータ産業全体を変えた。また2001年、私たちは最初のiPodを発表した。iPodは私たちが音楽を聴くあり方を変えただけでなく、音楽産業全体を変えた」

そしてジョブズはiPhoneの発表を行い、次の有名な言葉を述べるわけです。

「Today, Apple is going to reinvent the phone.（本日、Apple社は電話のあり方を再発明します）」

iPhoneの「ワンフレーズ」が説得力を持つのは、Apple社のそれまでの製品の輝かしい成功例があったからです。そして聴衆もまた、マッキントッシュコンピュータやiPodが自分たちの生活を変えた経験と照らし合わせて、iPhoneという新しいプロダクトを見ることで、その「ストーリー」に強い信頼を抱くことができます。

「ワンフレーズ」は、言葉以外でも表現できる

3つ目の手法は少しイレギュラーなやり方ですが、**言葉ではなく、現物あるいは映像など言葉以外の表現に語らせる手法**です。

この例として日本の飛騨高山にある「キタニ（Kintani）」という家具メーカーについて紹介したいと思います。キタニでは、デンマークの家具デザイナーであるフィン・ユールのソファを復刻して販売しています。フィン・ユールの家具の特徴はその優美な曲線フォルムにあるのですが、一方でとても製作が難しいと言われていました。

キタニが「NO．53」というフィン・ユールの椅子を復刻する際に活用したのは、フィン・ユールが製作した1つのアンティークの椅子でした（https://www.kitani-g.co.jp/theme552.html）。そのオリジナルの椅子を単に再現するだけでなく、縫製などに改善を加えることで、フィン・ユール財団にも認められる高い完成度を持つ椅子を作り出すことに成功したのです。この場合、モデルとしたアンティークの椅子がキタニの社員にとっての「ワンワード」と同等の役割を果たしていたと言えます。

5 ストーリーに詰め込むのは「天の時、地の利、人の和」の納得性

構成を考えるときは「天の時、地の利、人の和」を意識する

現状認識に基づく「3つの課題」を整理し、解決の視点と方向性を説明する「ワンフレーズ」を編み出したら、次は**「課題解決の施策」**について考えます。「ストーリー」を聞いている相手に具体的に行動してほしい施策の内容を伝える際にも、その施策の正当性が聞き手にとって明らかになるようにしなくてはなりません。このことを実現するための理想の構成をひと言で言うならば、それは**「天の時、地の利、人の和」の3つの要素を押さえること**にあります。

「天の時、地の利、人の和」は孟子の「天の時は地の利に如《し》かず 地の利は人の和に如かず」という言葉に由来しています。本来は「天の与える好機も土地の有利な条件には及ばず、土

地の有利な条件も民心の和合には及ばない」ことを意味しますが、ビジネスの現場では、**「天の時」と「地の利」の状況は良く私たちに味方している、だからあとは「人の和」があれば問題は解決できるという論理構成で、皆をモチベートしていく形で使っていきます。**

では、「天の時、地の利、人の和」について、それぞれどのようなことを語っていけば良いのかを具体的に説明していきましょう。

まず、「天の時」に関しては、課題を解決してビジネスの状況を改善するのが**「なぜ今なのか」について明らかにします。**

ビジネスでは常に様々な問題が起きていますが、それらの問題を解決するだけの資金や人員が十分に確保されているわけではないため、対応する問題を絞り込むのが普通です。そうしたとき、様々な問題があるなかで、「なぜ今、この問題を解決すべき絶好のタイミングなのか」、あるいは「このタイミングを逃すと、なぜ取り返しがつかない状況になるのか」について、皆が納得できる説明を行う必要があります。

次の「地の利」では、**「問題」から切り出した「課題」を解決するための体制、すなわち資金やリソースをどのように確保しているかについて説明します。**最も望ましいのは、課題を解決するのに十分な体制が整っていることですが、仮にそれが難しい場合でも、「なぜ限られた資金やリソースで課題解決を実現できるか」という具体的な方法論を提示すれば人々は行動に移すことができます。

そして、最後に挙げるのが「人の和」です。**私たちは協力してこの課題に取り組まなくてはならないことを強く伝えます。**たとえ「天の時」と「地の利」が万全とは言えない状況であったとしても、**「人の和」があれば乗り切ることができることを**「ストーリー」を通してメッセージで伝えることが大切です。

論理的な正解が「最善解」であるとは限らない

「優れたストーリー」は「天の時、地の利、人の和」を訴求しています。一方、その訴求にあたっては、過度に厳密な論理性は必ずしも必要とされません。もちろん、「ストーリー」には一定の論理性が必要ですが、**人は論理だけでなく感情で生きる生き物であり、ある程度の非論理性は許容されることもあることを**心に留めておいてください。

一方、人の非論理的な生き物としての部分が、時に「ストーリー」の実現にマイナスに働くことも理解しておきましょう。仮にある施策が論理的に正しいことが分かっていても、その結論が自分にとって不利な状況をもたらすときや、極端な例ではそのことを主張している人が嫌いだからという理由で反対に回るのも決して珍しいことではありません。

そうした非論理的な人間の行動の現実を見据えたとき、「皆が正しいと思うが、誰もやりたがらない論理的な正解」よりも、**「皆、少なからず不満を持っているかもしれないが、これなら前に進めても良いと思う社会的な最適解」のほうが結果的に問題解決へと近づいていくこと**を理解し、そのような解を模索していくことが大切になってきます。

ビジネスは人間が行う営みである以上、どのような意思決定をしたとしても（法に反する場合などを除いて）、それが唯一絶対の正解であると言い切れる場面はほとんどありません。また、最も効率的・効果的な解が、選ぶべき解になるとは限らないのも大きな特徴です。

最善解が最適解なのではなく、方向性や信念はブレない範囲で、**できる限り多くの人が乗ることができる解こそが、（仮に次善解であっても）「最適解」であること**を胸にとどめておいてください。


このことについて、実際に私がコンサルティングで経験したケースを紹介します。

たとえば、M&Aなどで2つの企業が統合する場合、ビジネスに対する考え方や進め方が大きく異なるケースがあります。

仮に統合する2つの企業のマーケティング手法が大きく異なり、1社がインフルエンサーを活用してターゲティングをピンポイントで行う戦略を採り、もう1社がテレビCMなどをマスで打って認知を広げる戦略を採っていたとします。

2つの戦略のうち、どちらが正解ということはありませんが、2社が統合する場合はどちらかに施策を寄せてリソースを集中させたほうが効率的でしょう。しかし、両社が自分の戦略に意地や誇りを持っている場合は、段階的に2つの企業の融和を考えて、一定期間、双方の戦略を尊重し、施策を併存させることが最適解となるかもしれません。

経済合理性に基づくロジックの観点からは不正解であっても、人々の融和を図るという感情面からは正解となるのです。

6

ストーリーにおける「感情」と「ロジック」のバランス

「ロジック」によって解決が可能であることを伝える

ストーリーには「感情」と「ロジック」はどちらも欠かせず、そのバランスはとても重要なので、もう少し深堀りしてみましょう。

「ストーリー」には、語り手の未来への理想を示す感情的な部分と、数字などの客観的事実からなるロジックを述べる部分が含まれています。 理想を語るとき、語り手は人々が課題に感じていること、心地悪い部分をどのように解消して、どのような新しい世界を作るかをイメージさせ、感情的に聞き手の心を揺さぶることを目指します。

一方、「ストーリーの説得性」を高めるためには、感情だけではなく理性、すなわちロジックに訴えることが大事です。「ストーリー」が提示するゴールを「なぜ達成することができるのかという根拠」や「選択した方法論がなぜ妥当なのか」について理詰めで提示するわけです。

ここで大事になってくるのは、**ロジックには「論理的」なものだけではなく「社会的」なものも含めて考慮する必要があること**です。いわば、そのコミュニティごとにある論理です。

「社会的ロジック」の典型例はビジネス上の慣習や文化、いわゆる稟議や根回しです。

会社としての公式のプロセスでは、議題は取締役会にかけて、そこで皆が平場でディスカッションして承認されれば良いはずのことでも、事前に個別に根回し、すなわち説明に行くことで取締役会では大きな議論なく（させずに）通すのは、多くの会社で見られていた光景ではないでしょうか。

本書で稟議や根回しの是非を問うことはしませんが、それが非公式なものでも、通常のルールとして実際に通用しているのであれば、ロジックとして尊重すべきであることを認識したほうが良いでしょう。

ストーリーには「一貫性」がなければならない

もう1つ、「ストーリー」における「感情（理想）」や「ロジック」を構成する際に注意しておかなければならないのは、**「ストーリー」の中身と、その「ストーリー」によって取られる行**

動の間に一貫性が必要であることです。もし皆さんが語っている「ストーリー」と実際の行動に大きな乖離がある場合、その「ストーリー」は他人からの信用を得られず、場合によってはかえって逆効果になるケースもあるでしょう。

たとえば、ある会社で「製品の売上を伸ばすためにはクオリティを高めることが必要だ」という「ストーリー」を語ったとき、その「ストーリー」を実現するための施策がコストカットだとしたら、多くの人が矛盾を感じるでしょう。

あるいは、「会社として海外事業を最重点のフォーカスとして、商品開発を進める」と言っているのに、海外事業部の予算や人員が削減されたら、社員はやる気をなくすでしょう。

このように、「ストーリー」で提示される施策の一貫性」を保つのはとても大事なことです。一見矛盾するような事柄も、そこに一貫したロジックがあればうまくいく場合も多くあります。

たとえば、クオリティの向上を「ストーリー」に掲げながら、目先の施策はコスト削減となる場合、そのように考えるロジックをきちんと説明することが大切です。「不要なコストを削減することでクオリティ向上のための設備投資を行う原資を確保する」と言えば、そこに納得感を生み出すことができるかもしれません。あるいは「○○年後に□□を目指す」といった形で時間軸をずらすことが有効な場合もあります。

聞き手の反応もあらかじめ予測しておくこと

最後に大事なのは、**相手のアクションをあらかじめ予測して、FAQ（想定問答集）を作っておくこと**です。「ストーリー」を語る際には、その「ストーリー」に関してメンバーが質問ができる場を必ず用意します。

そして出てきた質問に真摯に答えることで、この「ストーリー」が上から発せられたものではなく、皆で共有すべきものだという感覚を高めることができます。

ただし、そのような感覚を実現するためには、当然ながら質問にきちんと回答します。そこで必要となるのが、想定される質問に対してあらかじめFAQを作って入念な準備を行うことです。

FAQを作るとき、まずは想定される質問内容を洗い出すところからはじめます。客観的な目線が大事なので、第三者に見てもらって実際に質問を投げかけてもらうのも良いでしょう。

その後、それぞれの質問の模範解答を考えるわけですが、とくに重要になってくるのは、ネガティブな質問に対する回答方法です。

質問や反論には、「ロジックに基づくもの」と「感情に基づくもの」があります。その2つをきちんと切り分けたうえで、ロジックに寄った回答をするのか、それとも感情に寄った回答にするのかをあらかじめ整理しておきます。

たとえば、感情的な質問に対しては、感情的に答えないことが一般的には望ましいでしょう。逆に、目先の論理で将来の大きなビジョンを潰そうとする人がいる場合には、小異を捨てて大同につかせるための感情に訴えるような答えが必要になってくる場合もあります。

質問に対しては、正直かつ率直に答えるのが大原則であることは言うまでもないですが、いずれにしても相手の言葉を否定することなく、しかし明らかに違うことは違うと言いつつ、ロジックと感情をうまく使い分けてポジティブな印象を与えられるように答えていくことが大切です。

7 「ストーリー」を磨くために、一見遠回りのようで有効なこと

「優れたストーリーテラー」の作品から盗む

最後に、「ストーリー」を磨くための方法について紹介します。

「ストーリー」を磨くためには、普段からの努力が必要となりますが、そのなかでも**最も大切なのは、世の中にすでに存在する「良いストーリー」にできる限り触れること**です。

小説、映画やテレビドラマ、あるいは漫画でも構いませんので、好きな作家や監督を見つけて、その人の作品をできる限りすべて読破、鑑賞し、「ストーリーテラー」としての論旨の立て方や語り方を盗むというのは、一見すると遠回りのようで一番効率的かつ効果的なやり方です。

ある人の作品を連続して鑑賞すると、その人ならではの語り口や構成の流れをより理解す

ることができます。そして、**その語り口のどのようなところが自分の琴線に触れたのかを分析することで、自分の「ストーリー力」を向上させることが可能になります。**

小説や映画は長い時間をかけてプロットを練り込んだものが多いと思いますが、より瞬間的な対応を要するお笑いや落語などに親しむこともとても有効です。

これらのものを見る際は、ただ単に楽しむのではなく、どういう思惑でネタを構成しているのか、また最後のオチがどう構成されて、なぜ人々の共感＝笑いを取れるのかなどを批評的に見ていきます。同時に、**言葉が場の空気に合わせてどのようなトーンで発せられているか**というコミュニケーションの巧みさについて分析することも大事です。

じつは私が政治家をしていた頃、「選挙の演説がうまくなるためには、落語を見るのがいい」と政治の恩師によく言われていました。落語で必須となる、つかみやオチについて学ぶと話がうまくなるからというのがその理由です。お笑いを分析しながら見るのは、最初はとても居心地が悪く感じるかもしれませんが、自分の話術にどうつながるかを気にしながら見ると、別の楽しみを感じることができるようにもなります。

「一流」と呼ばれる商品やサービスには、どんなストーリーが内在されているか？

もう1つ有効なのは、**「一流」と呼ばれるサービスが、どのような「ストーリー」を語っているかについて体験すること**です。

一流のサービスは、それがホテルであれレストランであれ、あるいはブランドショップであれ、顧客を夢中にさせる「ストーリー」を背景に持っています。こうした一流のサービスを実際に受けてみると、どのような「ストーリー」を語ると人々は説得されるのかということへの理解にもつながります。

また、自社ブランドの「ストーリー」を大事にしている企業においては、従業員が「ストーリー」を体現できるように会社のビジョンを設定し、そのビジョンに基づきサービスを仕組み化しているところも多くあります。

たとえば有名な例として、リッツ・カールトンでは次のような「クレド（＝ストーリー）」を定めています。

「リッツ・カールトンはお客様への心のこもったおもてなしと快適さを提供することをもっとも大切な使命とこころえています。私たちは、お客様に心あたたまる、くつろいだ、そして洗練された雰囲気を常にお楽しみいただくために最高のパーソナル・サービスと施設を提供することをお約束します。

リッツ・カールトンでお客様が経験されるもの、それは感覚を満たすここちよさ、満ち足りた幸福感そしてお客様が言葉にされない願望やニーズをも先読みしてお応えするサービスの心です」

リッツ・カールトンでは、お客様に合わせたおもてなしをする「クレド」を守るため、現場担当が臨機応変に対応できるように一定の裁量を与えているそうです。この裁量によって、お客様のことを考えて行った取り組みから、同社のホスピタリティの素晴らしさを語る様々な「ストーリー」が伝播されていく正の循環が生まれています。

また、Airbnbは「あらゆる人々がつながる世界を作る」という大きなミッションを掲げていますが、そのミッションを実現し、魅力的な企業文化を構築するために従業員が体現すべき価値を「コア・バリュー」として定義しています。

Airbnbの「コア・バリュー」は当初6つありましたが、現在は次の4つ～「Be A Host（一緒にはたらく全員を大切にする）, Champion the Mission（明確なミッション・目的を持つ）, Be a Cereal Entrepreneur（大胆な野心を現実にする）, Embrace the Adventure（不確実なことを歓迎する）」～となっています。事業を遂行していくとき、あるいは人を採用するときなどは、これらの「コア・バリュー」を満たしているかという観点が大事にされます。「同じ価値観を共有できる、会社の核となる人材を見つける」ことにこだわるのは、そのほうが結果として優秀な人材を企業に呼び寄せることができるからでもあります。

このように様々な企業がどのような関係者に対してどのような「ストーリー」を発しているか、またその「ストーリー」がビジネスの競争優位性や優秀な人材の確保にどのようにつながっているかを理解することは、自分が「ストーリー」を作り、その内容を磨く際の重要な参考になります。

そして、「ストーリー」が皆さんの手を離れて、関係メンバー全員によって語られるものとなったとき、それは問題解決を実現するための大きな原動力となってくれるでしょう。

あとがき

本書を最後まで読んでいただき、誠にありがとうございました。

私たちは日々、様々な問題に直面し、そのなかで悩み、試行錯誤しながら仕事を行っています。本書で紹介した手法が、仕事のなかで絶え間なく生じる問題を解決する際に皆さんの役に立つことを願っています。

ただ、どんなに問題解決に熟達したとしても、私たちの前から問題がなくなることはないでしょう。日々変化するビジネス環境において、私たちはこれまで経験したことのない新しい問題に常に直面しながら、自分の能力をアップデートしていく必要があります。

ケネディ大統領の実弟である、ロバート・ケネディ上院議員はかつてインタビューにこう答えたと言います。

「(小説家の)アルベール・カミュは〝この世は、子どもたちが苦しむ世の中である〟と言いました。その苦しみを和らげるための何かを、私はこの世に残したい」

日本社会を見据えたとき、高齢少子化や地方の衰退、国家財政の悪化など、私たちのまわりにはいまだ解決の道筋が見えていない問題が数多くあります。それらの問題は深刻で複雑であり、私たちができることなど何もないと感じるときもあります。

しかし、仮に私たちの努力が大海の一滴であったとしても、そしてその努力がビジネスという限られた範囲での取り組みであったとしても、私たちが実現した問題解決の取り組みの1つひとつは、きっと社会を良くする方向へとつなげるものだと私は信じています。

そして、本書が皆さんの問題解決に「あたらしい」視点を与えることができたら、それに勝る著者の喜びはありません。

これまでのキャリアにおいてお世話になった様々な方々のご指導をいただかなければ、本書をまとめ上げることはできませんでした。また、3《スリー》の吉崎達郎さん、日本実業出版社の川上聡さんには、本書の企画から執筆に至るまで様々なアドバイスと後押しをいただきました。皆様には心からの御礼を申し上げます。

長田英知

長田　英知（ながた　ひでとも）

Airbnb Japan株式会社 執行役員。1974年生まれ。東京大学法学部卒業後、日本生命を経て、埼玉県本庄市の市議会議員に全国最年少当選（当時）。その後、IBMビジネスコンサルティングサービス株式会社、PwCアドバイザリー合同会社等で戦略コンサルタントとして、スマートシティやIoT分野における政府・民間企業の戦略立案に携わる。2016年Airbnb Japan株式会社に入社、2017年より現職。そのほかの外部役職として、2018年よりグッドデザイン賞審査委員、2019年より京都芸術大学クロスデザイン学科の客員教授を務める。著書に『プロフェッショナル・ミーティング』『いまこそ知りたいシェアリングエコノミー』（ともにディスカヴァー・トゥエンティワン）、『たいていのことは「100日」あれば、うまくいく。』（PHP研究所）がある。

「論理的思考《ろんりてきしこう》だけでは出《だ》せない答《こた》え」を導《みちび》く

あたらしい問題解決《もんだいかいけつ》

2021年２月20日　初版発行

著　者　長田英知

発行者　杉本淳一

発行所　株式会社日本実業出版社　東京都新宿区市谷本村町３−29 〒162-0845　大阪市北区西天満６−８−１ 〒530-0047

編集部　☎03-3268-5651
営業部　☎03-3268-5161　振　替　00170-1-25349
https://www.njg.co.jp/

印刷／厚 徳 社　製本／共 栄 社

ISBN 978-4-534-05835-5　Printed in JAPAN